三千七百年以来 我们的命运和选择

易中天中华史

# 汉武的帝国

易中天 著

浙江出版联合集团
浙江文艺出版社

元封元年（公元前110年），汉武帝在泰山举行封禅大典，那是十八万骑兵，上千里旗帜，一万八千里行程的大制作，是他功成名就的象征。

# 目录

第一章
**帝国之初**

003 少年天子
009 黑锅与嫌疑
015 喋血京师
021 弥天大谎
028 政变事出有因
034 七国之乱

第二章
**独尊儒术**

041 可疑的独尊
046 新儒生
051 仕途即前途
056 受辱，还是去死
061 又见秦政
066 非儒非法非主流

第三章
**高度集权**

073 谢幕的帝国
079 把王侯变成羔羊
085 要钱更要命
091 打掉地头蛇
097 一国两府

第四章
**官治天下**

105 职业官僚
111 再反封建
116 中央与地方
121 牧民与牧官
126 仕途广阔
131 条条大路通长安

第五章
## 是非功过

139 外戚政治
145 大将军卫青
151 匈奴问题
157 政变与政改
163 罪功岂在悔轮台
168 帝国是怎样炼成的

后记
## 汉武帝下诏罪己了吗

以帝王之尊，汉武之雄，居然能下诏罪己，实在是太难能可贵了。但此案可疑。

第一章

# 帝国之初

吕后曾向心腹大臣审食其坦言其忧：
你看那些功臣元勋，向先帝北面称臣已是别扭委屈，
有可能心甘情愿侍奉少主吗？

## 少年天子

汉武帝刘彻继位那年，十六岁。[1]

十六岁的男子即便在古代，也是未成年人。当时的法定婚龄是女十五，男二十。因此贵族男孩的成年礼，就在满二十那年举行，要束发，加冠，佩剑，取字，许婚，叫“冠礼”，也叫“婚冠礼”。

刘彻的冠礼却被提前。也许，这是因为他的父亲汉景帝已将不久于人世。事实上，刘彻加冠没过几天，景帝就驾鹤西去，刘彻成为西汉第五任皇帝。[2]

这是一位少年天子。

但，未及弱冠便登大位，汉武并非第一人。最早的小天子是周成王姬诵，最早的小皇帝是汉惠帝刘盈。[3]

刘盈身世可疑。[4]

作为西汉第二任皇帝，刘盈并没留下多少事迹。从现有的资料看，他似乎是战乱中成长的苦孩子，从小就颠沛流离。甚至在兵败彭城的逃难途中，还几次三番被刘邦推下车去。靠着夏侯婴的营救，才捡回一条命来。

这一年，刘盈六岁。

不难想象，这事在一个六岁孩子的心中，会留下怎样的阴影。好在兵败彭城两个月后，刘盈被立为太子。这当然因为他虽非长子（长子是庶出的齐王刘肥），却是嫡出，是刘邦正妻吕后的独生子。

可惜，刘邦似乎并不看好这唯一的嫡子，几次三番要废了刘盈，改立戚夫人的儿子赵王如意。据说，刘邦的态度越来越坚定，连张良和叔孙通也不能力挽狂澜。

然而事情的变化，却极具戏剧性。

变化发生在刘邦去世那年。某次宴会上，太子刘盈前来侍奉父皇，身后却站着四位老人。他们个个八十岁以上，须发雪白，衣冠甚伟，让刘邦看得目瞪口呆。

于是四人上前，自报家门。

第一位，东园公。

第二位，角里先生。

第三位，绮里季。

第四位，夏黄公。

这就是所谓的“商山四皓”了。他们是秦末以来就隐居深山、名满天下的世外高人，也是刘邦仰慕已久的。

刘邦问：朕求诸君多年不得，怎么跟了我儿？

商山四皓行礼说：陛下傲慢无礼，太子仁孝恭敬，所以天下士人无不愿为太子赴汤蹈火。

礼毕，四位老人飘然而去。

刘邦目送商山四皓离席，然后叫来戚夫人说：你都看见了吧？太子地位不可动摇，吕后才是你的真主子。

戚夫人哭。

刘邦却表示无能为力。他说：你为我楚舞，我为你楚歌吧！于是刘邦慷慨悲歌，一而再，再而三。歌毕，也离席而去，留下戚夫人泣不成声，哭倒在地。

从此，刘邦不再提出换太子。[5]

这可真是新派武侠小说里面才有的场面。那四位老人的名字，也很像小说中的武林高手。据说，他们是张良为吕后出谋划策，特地请来为太子刘盈撑腰的。因此，这事就像张良当年的奇遇黄石公，非常不靠谱。[6]

但更不靠谱的，还在后面。

按照《史记》、《汉书》和《资治通鉴》的说法，刘盈继位是在汉高祖十二年五月，时年十七岁。七个月后，也就是汉惠帝元年的十二月，吕后就谋杀了赵王如意。

谋杀是处心积虑的，因为据说刘盈已经感觉弟弟不太安全。所以，如意从赵国来到长安时，刘盈便亲自到霸上迎接，接回宫后又同吃同住，像当年鸿门宴上项伯护着刘邦一样护卫着如意，吕后竟不能下手。

可惜百密难免一疏。某天早上，刘盈外出打猎，如意留在宫中。吕后闻讯，立即将如意毒杀。

故事讲到这里，破绽也就露了出来。

请问：如意为什么没跟刘盈一起去打猎？

解释是：赵王年少，不能早起。

很好！一个年纪小到“不能蚤（早）起”的孩子，刘邦凭什么说他“类我”（像自己）？所谓刘盈“不类”而“如意类我”因此就要换人，岂非胡扯？

没错，刘盈确实不像父母，既不像父亲心狠手辣，也不像母亲刚毅果断。他心慈手软，胆小怕事，很可能还有些多愁善感和自暴自弃。把江山社稷交给这样的人，当然不能放心。但，交给那位不能早起的，就可靠吗？

都靠不住。

刘邦的立储，已不能着眼于接班人自身。

那看什么？

看母亲。刘盈也好，如意也罢，继位之后恐怕都得靠太后撑腰，甚至靠太后临朝。

那么，戚夫人和吕后，哪个可靠？

吕后。

事实上，吕后不但是刘邦的结发妻子，更是他的亲密战友。刘邦的江山，其实是他和吕后一起打下来的。这是当时舆论的共识。甚至还有人说，吕后和她的家族是像推车子一样，把刘邦推上帝位的。[7]

显然，吕后对刘邦的江山，会比戚夫人更加爱惜。

更何况，她也能干得多。

因此，作为男人，或者在床上，刘邦也许更喜欢戚夫人。但作为政治家，在朝廷，他绝对更相信吕后。

更重要的是，功臣们也都投了吕后一票。

刘邦的功臣，武将方面，韩信、彭越、英布已死，樊哙则是吕后的妹夫。文臣方面，萧何在灭韩信时即已站在吕后一边，张良和叔孙通都支持刘盈，陈平后来也挺吕后。有人支持戚夫人母子吗？没有。[8]

局势如此明朗，戚夫人有什么可争的呢？

的确，刘邦和吕后，更多的是政治关系，未必有多少爱情。刘邦南征北战时，吕后常常留守后方忙于政务，戚夫人则常年陪伴在刘邦身边。日久生情，爱屋及乌，刘邦许诺废嫡立爱，并非没有可能。只不过，这种许诺可能是一时兴起，也可能是哄美人开心，靠不住的。

政治家，都不会爱情至上。

所以，什么商山四皓，什么楚歌楚舞，都不过是编出来的故事，或者是当时的一场表演，串通好了演给戚夫人看的。而且那总导演，弄不好就是刘邦本人。

这并非没有可能。想当年，刘邦还没发迹时，吕后就制造舆论，说常常看见刘邦头顶上有云气，结果小混混们都跟了刘邦。这其实就是两口子串通一气演的双簧。

当然，这回也可能是张良总导演，吕后制片人。

不管怎么说，张良站在吕后一边，是可以肯定的。赵王如意和戚夫人为吕后所杀，大体上也能肯定。至少，没有证据证明非她所杀。吕后，可是连韩信都敢杀的。杀那手无寸铁的孤儿寡母，又算什么！

但，心狠手辣的吕后，也未必不会蒙冤。

## 黑锅与嫌疑

刘邦选择刘盈，其实是选择了吕后。

这一点，吕后和刘盈都清楚。因此，刘盈继位后，就把权力和政务都交给了自己的母亲。但在一个男尊女卑的社会，这样做显然并不合适，皇族也很没面子。因此史家必须给个说法，还必须由吕后来背黑锅。

于是，又一个故事被编了出来。

这故事说，吕后毒死赵王如意后，便把他的母亲戚夫人砍去手脚，挖掉眼睛，熏聋耳朵，弄哑喉咙，扔在猪圈里，号称“人彘”（人猪），然后让汉惠帝刘盈来看。

结果，惠帝放声大哭，一病不起。他说：这不是人干的事情！我作为太后的儿子，是没法治天下了。

据说，这就是惠帝不理朝政的原因。

但可惜，这实在离谱。

首先我们要问：吕后有必要这么做吗？没有。前面已经说过，戚夫人和赵王如意，根本就不可能构成威胁。过去不能，后来就更不能。对于毫无反抗能力的假想敌，就算要消灭，又犯得着下如此毒手吗？

泄愤也说不通。要知道，任何人受此酷刑，都不会再有感觉。戚夫人不痛，吕后何快之有？

更何况就算要泄愤，又何必要让惠帝来看呢？惠帝又不是戚夫人的同伙和同谋！难道吕后要威胁自己的独生子？难道她觉得惠帝受的刺激还不够？

汉惠帝因此而醉生梦死，就更是胡说。恰恰相反，他曾经是很想有所作为的。一天到晚吃喝玩乐，完全不理朝政的人也有，但不是汉惠帝，而是曹参。

曹参接替去世的萧何担任大汉相国，是在汉惠帝二年的七月。这时，距离所谓“人彘”事件已经一年半，照理说汉惠帝早就该泡在酒坛子里了。然而他对曹参的消极怠工却是十分不满，也非常着急。

不过惠帝毕竟是惠帝。他并不敢也不忍当面指责先帝的功臣，而是私下里对曹参的儿子说：令尊大人是不是看不起朕呀？整天灯红酒绿，怎么能心忧天下呢？

于是曹参向惠帝请罪。

曹参说：请问陛下与高皇帝，谁更圣明英武？

惠帝说：朕岂敢望先帝之项背。

曹参又说：陛下认为臣与萧何，谁更贤明有才？

惠帝又说：先生似乎不如萧相国。

曹参说：这就对了！高皇帝和萧相国，早就平定了天下，确立了法规，没什么可忧虑的呀！现在，陛下只需垂衣拱手，臣等也只需谨守职责，不就天下太平了吗？

惠帝这才恍然大悟。

没错，自己比不上高皇帝，曹参也比不上萧相国，瞎忙活什么呢？还是不折腾为好。

从此，汉帝国按部就班，萧规曹随。[9]

很清楚，惠帝的不理朝政，其实是无为而治。这既是受曹参启发，也是当时帝国的政治需要和大势所趋，跟戚夫人或者吕后，一毛钱关系都没有。

但，这不等于吕后没有别的嫌疑。

可疑之处在惠帝刘盈的成年礼。刘盈是十七岁那年继位的，但拖到继位后第四年才加冠。这时，少年天子已经二十一岁，是不是也太晚了一点？

当然是。

那么，惠帝的冠礼，为什么会这么晚？

为了等张皇后成年。

张皇后是在汉惠帝举行成年礼的五个月前，嫁给惠帝并立为皇后的。先婚后冠，可见这婚姻的重要。看来，汉惠帝的皇后，只能是这位张姑娘。张姑娘不成年，汉惠帝就不能正式成婚，也不能举行冠礼。

那么，张皇后又是何许人也？

鲁元公主和张敖的女儿。

难怪汉惠帝只能耐心等待，因为鲁元公主是他同父同母的亲姐姐，嫁给张敖是在汉五年。可见汉惠帝的这位张皇后，封后时顶多十岁。算作成年，已很勉强。

这当然是吕太后的一手包办。实际上，她是把自己未成年的亲外孙女，嫁给了自己刚成年的亲儿子。尽管谁都知道，政治人物的婚姻几乎无不具有政治性，但汉惠帝的这桩婚姻，也实在太离谱了一点。

然而吕太后宁肯死扛硬拖着，也要等到自己的外孙女勉强可以封后，才给惠帝加冠，尽管那少年天子早就有了性能力，也早就跟宫女们生了一堆儿子。

问题是，吕后为什么要这样谋划呢？

因为恐惧。

恐惧是可以想象的。据说，吕后曾向心腹大臣审食其坦言其忧：你看那些功臣元勋，向先帝北面称臣已是别扭委屈，有可能心甘情愿侍奉少主吗？[10]

这话并非没有道理。

事实上，刘邦成为天子，跟周武称王、始皇称帝大不相同。周王和秦皇，原本就是贵族，就是君主，跟僚佐的关系也早就是君臣。其地位，当然无人觊觎。

刘邦则不同。他和功臣元勋，当年都是编入户籍的平民（诸将与帝为编户民），大家平起平坐。现在，凭什么你就能高高在上，我就该俯首称臣？再说了，既然一介平民也能当皇帝，为什么你当得，我当不得？

有这资质和能力的，不止刘邦一个吧？

资质和能力超过刘盈的，就更不止一个吧？

难怪吕后的精神会高度紧张。是啊，赤手空拳，孤儿寡母，怎么对付得了如狼似虎的权臣们？

孤立无援就得拉帮结派，靠得住的是自家人。

因此，汉惠帝驾崩后，更加势单力薄的吕太后便封王封侯。受封的既有刘家人，也有吕家人。刘氏四王：淮阳王刘彊（强），常山王刘不疑，济川王刘太，琅琊王刘泽。吕氏三王：梁王吕产，赵王吕禄，燕王吕通（梁王原本是吕王，吕王最早是吕台，后为吕嘉，再后为吕产）。

表面上看，吕后是公平的。她先封刘，后封吕；刘家王多，吕家的少。然而刘氏四王，都是小国。而且，淮阳王刘彊去世，就改封刘武；常山王刘不疑去世，就改封刘山（更名为刘义），后来又改封刘朝。这四国前后七王，都是惠帝与宫女所生，也都是小孩子。成年人只有琅琊王刘泽（吕后侄女婿），却是吕后党羽。

吕氏三王却都是大国，三大国的国王也原本都是刘邦的儿子，但都被吕后害死。最先被害的是赵王如意。如意死后，赵王换成刘邦的六子淮南王刘友，结果被吕后软禁饿死。刘友死后，赵王又换成刘邦的五子梁王刘恢，结果被吕后活活气死。所以后来讨吕的檄文，便说吕氏"比（接连）杀三赵王"。至于燕王，原本是刘邦的八子刘建。刘建倒是自己死的，但他的儿子却被吕后杀掉。于是，赵、梁、燕三国都落入吕家手中。

大国夺过来给自家人，小国封给儿童们装样子。吕后之心，已是昭然若揭。

那么，她安全了吗？

没有。恰恰相反，一起惊天血案很快在京城掀起，吕氏家族也因此身败名裂。

# 喋血京师

吕后刚刚去世，血案就发生了。

对此，吕后早有预感。临终前，她叫来梁王吕产和赵王吕禄，告诫他们控制军队，守卫皇宫，以防兵变。

这是先见之明，也可行。

的确，吕产和吕禄应该是靠得住的。吕产之父，是吕后的大哥吕泽；吕禄之父，是吕后的二哥吕释之。何况二吕虽然封王，却不在王国，而在京师，吕产为相国，吕禄为上将军。更重要的是，他俩手中有兵权。

兵权是张良的儿子帮他们要来的。

张良的儿子叫张辟彊。惠帝去世时，他特地去见左丞相陈平，问了一个问题：皇上是太后的独生子。皇上驾崩，太后却哭不出来，大人知道为什么吗？

陈平问：为什么？

张辟彊说：当然是不放心各位了。

于是陈平接受张辟彊的建议，让吕家统率南北军。南北军是京师的近卫军，其中南军守宫城，北军守京城。吕后驾崩时，吕禄掌北军，吕产掌南军。

有政权，有兵权，有防备，应该万无一失。

可惜事与愿违。

而且谁都想不到，第一个跳出来的竟是刘章。

刘章是吕禄的女婿，在吕后首批封侯时，被封为朱虚侯。他的弟弟刘兴居，也在吕产封王时封为东牟侯。在吕后看来，这哥俩应该算作自己人。

那么，刘章为什么要坏吕后的事？

因为刘章还是前任齐王刘肥的儿子，现任齐王刘襄的弟弟。刘肥是差一点被吕后杀掉的，靠献出城阳郡才保住性命。刘襄任上，吕后又先后割走了济南郡和琅琊郡，分别封给侄儿吕台和侄女婿刘泽。

齐国被抢走了三个郡，齐王当然不爽。

父兄不爽，刘章也不爽。何况他也不看好吕家。在他看来，刘吕两族难免一战，而吕氏必败无疑。跟着吕家人混，那是要掉脑袋的。

更重要的是，刘章想拥立刘襄为帝。[11]

这并非没有可能。

事实上，刘肥是刘邦长子，刘襄是刘邦长孙。刘肥没能当上皇帝，是因为庶出。但，嫡出的刘盈已死。现任少帝刘弘（原名刘义）名为刘盈之子，其实来历不明，或可以说成来历不明。刘襄为帝，名正言顺。

于是刘章派人联络刘襄，鼓动他出兵讨吕，自己和弟弟刘兴居在京师为内应。齐王刘襄也毫不含糊，立即树起义旗传檄天下，亮出的口号是“入诛不当为王者”。

相国吕产闻讯，派出灌婴将兵反击。

灌婴也是沛公时代就从军的“老革命”，刘邦称帝之后封为颍阴侯。然而灌婴军至荥阳，却与齐王达成密谋：各自按兵不动，静观京师之变。一旦诸吕谋乱，共诛之。

外有刘襄，内有刘章，吕后所立小皇帝刘弘，所封淮阳王刘武、常山王刘朝、济川王刘太，都未成年。吕产和吕禄方寸大乱，竟不知何去何从。

太尉周勃和丞相陈平却决定动手。

陈平和周勃的第一步棋，是派出了一位说客。说客名叫郦寄，是郦食其的侄子，吕禄的好朋友。郦寄对吕禄说：高皇帝和吕太后共定天下，刘氏九王，吕氏三王，大家都认可。但如果不去封国，拥兵京师，就会遭人猜疑。为什么不交出兵权，高枕无忧做国王呢？

吕禄认为有道理，便跟郦寄一起去打猎。

周勃立即行动。他先是假传圣旨骗开营门，然后又从吕禄那里取来将印，轻而易举就夺得北军兵权。

接下来，要解决南军。

南军的兵权掌握在吕产手中。这时，吕产已经得知灌婴与刘襄的密谋，跑进了未央宫。陈平闻讯，立即派朱虚侯刘章协助周勃。结果，吕产被拦在殿门外，最后被刘章杀死在厕所里。长乐宫卫尉吕更始，也被刘章杀死。

吕产一死，周勃便放手大清洗。他下令全城搜捕吕氏家人，不分男女老少，一律格杀勿论。于是，继梁王吕产、赘其侯吕更始之后，赵王吕禄、燕王吕通、临光侯吕媭（读如须，吕后妹，樊哙妻），也先后被捕被杀。

这可真是惊天血案。

但，此案可疑。

按照后世的说法，此案的起因是诸吕擅权，图谋不轨，危害刘氏。然而这种说法却只有罪名，没有罪证。反倒是诸吕一死，刘家就有人跟着倒霉。大臣会议宣布：小皇帝刘弘不是惠帝的儿子，应该废掉，另立天子。

这并不奇怪。刘弘，是吕后所立嘛！

只不过，出乎意料的是，被另立者并非踌躇满志的齐王刘襄，而是鲜为人知、一贯低调的代王刘恒。

说来这也是刘襄自作自受。

刘襄发难后，第一步就是夺琅琊王刘泽之兵。他派人去见刘泽，谎称自己年轻不懂事，愿以齐军相归属。刘泽上当受骗，跑到临淄接兵，却被刘襄扣押。

于是刘泽对刘襄说：大王是高帝长孙，臣泽在刘家年纪最大。现在大臣们犹豫，不知立谁为好，最后恐怕还得听泽的，为什么不让泽去游说群臣呢？

刘襄觉得有理，立即派车送刘泽回京。

然而刘泽说这话，不过是为了脱身，哪里会帮刘襄谋求帝位？相反，在讨论另立天子的会议上，第一个跳出来投反对票的就是刘泽。刘泽说，齐王的丈母娘家就像戴帽子的老虎。立齐王，不等于再立吕产和吕禄吗？

群臣均以为是。[12]

现在，轮到刘襄有苦难言了。齐国虽兵强马壮，但真要西进长安，仍力不能及，也只好偃旗息鼓。此公以欺诈手段兼并他人实力，又因急于上位而被出卖，恐怕只能自己咽下苦果。连带刘章，也成了为人作嫁。

刘章和他弟弟刘兴居，后来倒是得到了酬劳。第二年，新皇帝刘恒封刘章为城阳王，兴居为济北王。城阳郡原本就是齐王刘肥割让给鲁元公主的，济北郡更是齐地，刘襄一点便宜没占着，刘恒也一点没亏损。[13]

刘章被封，功在打前站；兴居受赏，功在断后路。大臣会议做出立刘恒为帝的决定后，刘兴居说：灭诸吕我没功劳，请让我去皇宫打扫卫生。于是与汝阳侯夏侯婴一起将小皇帝刘弘驱逐，然后迎刘恒进宫。

当晚，小皇帝刘弘和淮阳王刘武、常山王刘朝、济川王刘太都被杀死。刘弘死在少府，三王死在王府。实施谋杀的，据说是帝国的有关部门（有司）。

吕家人死光了。皇宫和京城里的刘盈一族，现在也死光了。请问这是安刘吗？请问这是平叛吗？

不，是政变。

政变是需要理由的，否则就没有合法性和正当性。对于陈平和周勃，就更是如此。

## 弥天大谎

陈平和周勃，都曾挺吕。

汉惠帝去世后第二年，吕后就动议要封诸吕为王。这并不奇怪，也未必不妥。看看下一页的地图就知道，当时的中央政府十分脆弱。诸侯们的王国占据了汉帝国的大半壁江山，直属中央的郡县十分有限。

所以，汉初的形势，跟当年的秦与六国无异。这才逼得刘邦不讲信义也不要脸面，痛下毒手灭掉或废掉燕王臧荼、韩王信、赵王张敖、楚王韩信、梁王彭越和淮南王英布，只留下无伤大雅的长沙王吴芮父子装门面。

废掉的异姓诸侯六国，封给或分给了刘家人。他们是：刘邦长子齐王刘肥，三子赵王如意，四子代王刘恒，五子梁王刘恢，六子淮阳王刘友，七子淮南王刘长，八子燕王刘建，堂兄荆王刘贾，四弟楚王刘交，侄儿吴王刘濞（读如譬）。至此，天下才基本上姓了刘。

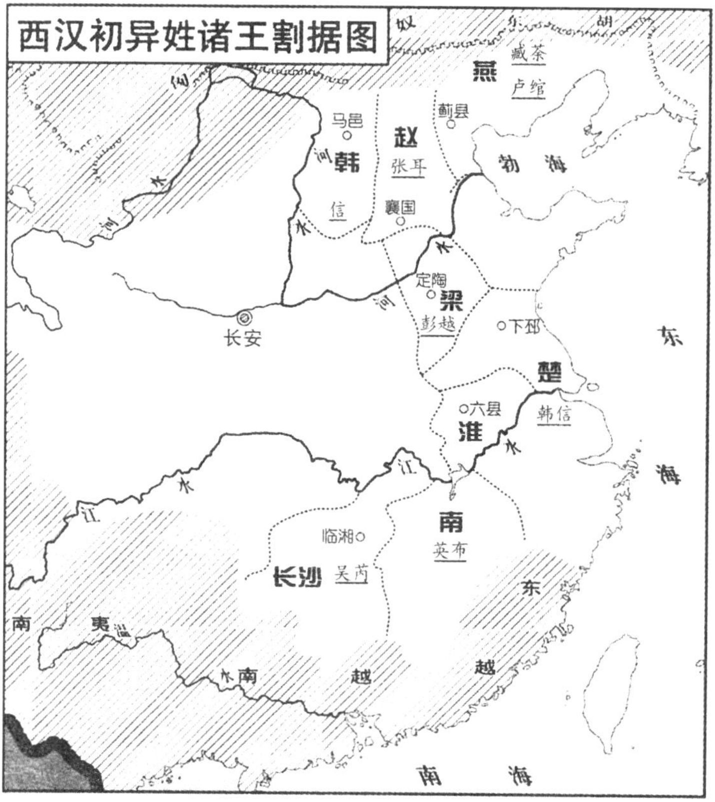


西汉初异姓诸王割据图

◎引自田昌五、安作璋主编《秦汉史》第103页。

但，异姓王靠不住，同姓就靠得住吗？

也靠不住。

这一点，刘邦其实心里有数。汉高祖十一年，刘邦封刘濞为吴王时，就曾摸着他的背半开玩笑说：阿濞呀阿濞，你他妈的以后可别造反啊！

刘濞顿首：臣不敢！

不敢？后来七国之乱，领头的就是刘濞。[14]

实际上，汉初同姓诸侯王不反，是因为有刘邦、吕后和惠帝。惠帝虽然懦弱，却毕竟是战争年代过来的人，又是嫡子，还有吕后撑腰、群臣护卫，当然坐得稳江山。

惠帝之后的小皇帝，就不好说了。小皇帝有两个，第一个叫刘恭，第二个叫刘弘。刘恭后来被吕后杀死，史称前少帝。之后是刘弘，为后少帝。两人都号称惠帝与宫女所生，其实可能是吕后胡乱立的，哪里镇得住？

吕后别无选择，只能临朝称制。

这时，萧何、曹参、张良、樊哙一班功臣元老，都已相继去世。朝中重臣，是右丞相王陵、左丞相陈平、太尉周勃。吕后要封诸吕为王，必须跟他们三人商量。

结果，王陵反对，陈平和周勃赞成。

赞成并不奇怪，也无不妥。因为当时的中央，不是少帝而是吕后。吕后安全，中央才安全。中央安全，帝国才安全。吕后效法刘邦封同姓为王，其实是要维稳。

因此，陈平和周勃是对的，王陵反倒是不对的。

麻烦在于，后来政变了。主导和牵头的，则正是陈平和周勃。这跟他们当年赞成诸吕封王一样，都是不可更改的事实，却又互相矛盾，该怎么自圆其说呢？

这就要讲故事。

第一个故事说，刘邦曾杀白马与群臣盟约：从今往后，封王称王者若非刘氏，天下共击之。[15]

这就叫“白马之盟”。

显然，此盟如果属实，吕后就是背约。齐王刘襄起兵，周勃和陈平起事，也就有了法理上的依据。

毫无疑问，这是一件大事。

然而如此大事，历史上却没有明确的记载。白马之盟是在什么时候？什么地方？参加的都有谁？有没有盟书？如果有，存放在哪里？一概不知。

更奇怪的是，《史记》的《高祖本纪》对白马之盟只字不提，后来齐王刘襄的“讨吕檄文”也只字不提，只有《吕太后本纪》提到此事，还首先出自王陵之口。

王陵是当时的右丞相。他提到白马之盟，当然是为了阻止吕后封诸吕为王。后来，吕后临终前也旧话重提。她对吕产和吕禄说，高皇帝与群臣有白马之盟。如今我们吕氏封王，大臣不平，你们要小心！

这么说，白马之盟，吕后是知情的。

同样，陈平和周勃，也应该是知情的。

所以退朝之后，王陵就指责两人：高皇帝与群臣歃血为盟，二位当时难道不在场吗？如今二位为了逢迎女主放弃原则，将来有什么脸面见先帝于九泉？

陈平和周勃却回答：今日当廷力争，我等确实不如大人。将来保全社稷，安定刘氏，大人恐不如我等。[16]

言外之意也很清楚：我们是“曲线救国”。

这就为后来的政变埋下了伏笔。陈平和周勃也不但没有历史污点，反倒比王陵更像政治家。问题是，他俩为什么会如此默契？心有灵犀吗？

不，是因为陆贾。

陆贾是与郦食其齐名的纵横家。天下在马上得，不能在马上治，就是他的名言。据说，为了最终能够顺利解决诸吕擅权乱政的问题，他曾经主动去见陈平。

陈平却不怎么搭理他。

陆贾说：什么事让丞相如此忧心？

陈平说：你猜。

陆贾说：诸吕吧？

陈平说：是。为之奈何？

陆贾说：天下安，注意相；天下危，注意将。将相和谐心往一处想，则无往而不胜。

陈平这才与周勃同心协力。[17]

故事很精彩，可惜穿帮了。陆贾为陈平出主意，可是在诸吕封王以后。吕后征求意见和王陵指责他们时，他俩的说法为什么会高度一致呢？

所以，还得再编故事。

这故事说，刘邦临终前，吕后曾经请示他：陛下百年之后，如果萧相国也不在了，请问谁可以接替？

刘邦说：曹参。

吕后又问：曹参之后呢？

刘邦说：王陵。不过，王陵年轻，为人憨直，所以得让陈平协助。陈平多智，却难以独任，这就要靠周勃。周勃稳重忠厚朴实无华，安定刘氏的一定是他。

吕后又问：他们之后呢？

刘邦说：这就不是你能知道的了。[18]

请注意，这里的原文不是"此后亦非我所知也"，而是"此后亦非而（你）所知也"。呵呵，当然不能是吕后所能知的，因为王陵、陈平、周勃之后，吕家会完蛋。

好一个神机妙算的"临终嘱咐"！

看来，刘邦早就料定自己死后吕氏一定会作乱，平叛的一定是周勃，助一臂之力的一定是陈平。至于作证白马之盟确有其事的，则一定是王陵。

吕后也很听话。她居然在汉惠帝六年，同时任命王陵为右丞相，陈平为左丞相，周勃为太尉，亲手为家族的覆灭和自己的败亡，安排了掘墓人。

精彩吗？精彩。

靠谱吗？不靠谱。

事实上，这故事如果属实，就等于说，日本偷袭珍珠港，是为了让美国在世界上当老大。不可笑吗？

很清楚，什么临终嘱咐，什么曲线救国，什么陆贾之谋，都不过是西汉官方事后编出来的弥天大谎。而且那著作权，很可能属于陈平。

当然，也可能是集体创作。

众口一词，司马迁也没有办法，只能照录。

不过，司马迁毕竟是司马迁，他把所有的破绽和漏洞都原封不动地保留下来，等待后人去发现，去破译。看不出这一点，只能怪自己笨。同样，如果因此而认为陈平和周勃失却道义，也大错特错。

## 政变事出有因

现在看，吕氏一族是很可怜的。

血染京师以后，吕后和她的家人就被钉在了历史的耻辱柱上。然而遍查史书，却不知他们罪在哪里。所谓“诸吕用事擅权，欲为乱”云云，恐怕是不实之词。至少，没见过像他们那样不成体统毫无准备的乱党。

其实想想就知道，吕禄如果真有野心，为什么郦寄三言两语就让他晕头转向，不假思索就放弃了兵权？吕产如果图谋不轨，为什么进宫时不带一兵一卒，南军将士也不见踪影？很简单，他们根本就没打算谋反。

没有政治野心，就不会有思想准备、组织系统、心腹爪牙。所以事到临头，吕家竟全无主张；齐王起兵，也只能派出灌婴。结果怎么样呢？前徒倒戈。[19]

吕产和吕禄，真正成了孤家寡人。

陈平和周勃发动的政变，却得到了最广泛的支持。曹参的儿子、御史大夫平阳侯曹窋（读如烛）为他们通风报信，襄平侯纪通持节矫旨为周勃骗开营门，郦寄的部下刘揭从吕禄那里取来将印，未央宫的卫尉守住殿门不让吕产入内。周勃进入北军，命令效忠吕氏的右袒（露出右胸或右臂），效忠刘氏的左袒，结果全军皆左。

得道多助，失道寡助，这里面未尝没有原因。

原因在营垒的变化。

刘邦去世前的政治势力，可以说有三股力量：刘邦吕后一股，异姓诸侯一股，功臣列侯一股。刘邦系和诸侯系，构成两大阵营，功臣系则站在刘系一边。所以，萧何会不顾他跟韩信的老交情，与吕后联手灭了韩信。

这时，刘邦和吕后俱为一体。支持吕后，就是支持刘邦。张良和叔孙通等人力挺刘盈，功臣系无一人支持戚夫人和赵王如意，道理就在这里。

但惠帝以后，情况就变了。

惠帝之前，诸侯系已不复存在；惠帝之后，刘邦系也不复存在。依然存在的，只有功臣和吕后。吕后以前姓刘，现在姓吕；以前是刘邦系的发言人，现在是新势力的总代表。这股新势力，就叫外戚。

新势力茁壮成长并不奇怪，高祖和惠帝留下了权力真空，吕家也资本雄厚。刘邦起兵沛县，吕氏举家跟随；兵败彭城，又多亏吕泽接应。吕后妹夫樊哙，更是鞍前马后、出生入死。吕氏家族，功勋卓著。

当然，更重要的原因在吕后。吕后不是花瓶，而是实力派。除被俘期间外，每次刘邦出征，都是吕后帮他看守大本营。刘邦去世后，大汉帝国更靠吕后一手经营。她的威望是自然形成的，也有当家做主的资格。

这时能与之抗衡的，只有宗室。

宗室主要是刘姓诸侯，比如齐王刘襄，代王刘恒，淮南王刘长，吴王刘濞。但宗室虽然姓刘，却代表地方；吕后虽然姓吕，却代表中央。功臣系该选谁?

陈平和周勃选择了吕后。

中央集权是大方向，陈平和周勃也无可厚非。但，吕后去世，诸吕还能再代表中央吗?

不能。

这，才是政变的重要原因。

也就是说，吕后驾崩，平衡就被打破。所有的政治力量都要重新洗牌，进行权力的再分配。刘章和刘襄起兵于外，陈平和周勃政变于内，虽非共谋，亦非偶然。

宗室和功臣的矛头，一致指向了外戚。

而且心照不宣，不约而同。

与此同时，积怨也爆发了。这当然该由吕后负责。吕后对功臣是不放心的，甚至不惜兔死狗烹。史家说汉初“所诛大臣多吕后力”，应该说基本属实。她先杀赵王如意，再杀淮阳王刘友，三杀梁王刘恢，更是事实。[20]

功臣也得罪了，宗室也得罪了，岂非自绝于天下？

诸吕的寡助不在失道，而在失人。

同样，齐王刘襄算盘落空，也不完全因为琅琊王刘泽的反对，更因为陈平和周勃他们，绝不再想要一个强势的皇帝。当然，太弱也不好。最好是能与群臣和谐相处，实现此刻的平稳过渡，将来的君臣共治。

何况高祖所封十王，已死者六，失国者五，楚王刘交和吴王刘濞不是高祖子孙，淮南王刘长又年纪太小。[21]

父死子继，国赖长君，刘恒成为不二人选。

代王刘恒是刘邦的第四个儿子。他的母亲薄姬在刘邦那里不受待见，靠着闺蜜帮忙才被临幸一次，而且那次临幸还出于刘邦的怜悯。不过刘恒母子却因祸得福。他们被吕后放过，在大清洗中幸免于难。[22]

哈，吕后只知道防小三，没想到还要防小四。

大臣们也没想到，不起眼的小四并不简单。刘恒稳稳当当地做了二十三年皇帝，死后谥为文，号太宗。[23]

太宗是仅次于太祖或高祖的庙号，超过文的谥号也不多。事实上秦汉两代最重要的人物就是“四大天王”：始皇帝嬴政，高皇帝刘邦，文皇帝刘恒，武皇帝刘彻。

汉文帝，为什么会获得如此之高的评价？

原因很多。但最为后世称赞的，是仁。比方说，生活俭朴，让利于民，宽以待人，等等。他在元年十二月，就废除了株连九族的连坐法。二年五月，废诽谤妖言罪。十三年五月，又废除刺青、削鼻、断足三种肉刑。

所以，司马迁和班固都说他仁。[24]

其实，汉文帝的仁被夸大了。比如功臣周勃，就被他制造冤假错案关进监狱，只不过后来又放了出来。但比起刘邦和吕后之对待彭越，确实要算仁。[25]

对待宗室也如此。

被吕后割走的城阳、济南、琅琊三郡，刘恒都还给了齐王刘襄。失去地盘的琅琊王刘泽，则改封燕王。刘友被吕后害死，便封他的儿子为赵王。

这可真是“兴灭国，继绝世，举逸民”。

可惜好景不长。第二年三月，文帝就将城阳郡封给了刘章，济北郡封给了刘兴居。刘襄的儿子刘则去世后，更将齐国分成齐、济北、济南、菑川、胶西、胶东、城阳七个王国，统统封给了老齐王刘肥的儿子。

赵国也被一分为二，大的一块给刘友长子为赵王，小的一块给刘友的少子为河间王。淮南国则在刘长死后一分为三，变成淮南、衡山和庐江三个王国。

就这样，汉文帝不动声色地摆平了宗室和功臣两大派系。此后随着陈平、周勃等人的相继去世，功臣系也不复存在。吕后时代的三股力量（外戚、功臣和宗室）先后退潮，汉帝国迎来了长治久安的新局面。

文帝，岂能不谓之文？

汉文帝的温柔一刀，据说是受到贾谊的启发。贾谊认为，当时帝国的主要危险，是外有匈奴，内有诸侯。这些诸侯虽然都是同姓，却不等于不会谋反。最好的办法，是“众建诸侯而少其力”。也就是说，将大王国分裂成中王国，中王国分裂成小王国。国小力弱，就成不了气候。[26]

不难想象，这种做法只要持之以恒，宗室的危险就会最终消除。后来的汉武帝，就是这样做的。

可惜这一方针，最后却被破坏。

于是，灾祸再起萧墙。

## 七国之乱

破坏文帝方针的，叫晁错。[27]

晁错原本是汉文帝太子刘启的老师。文帝驾崩，刘启继位，是为景帝。景帝视晁错为智囊，言听计从。晁错也蠢蠢欲动，极力主张尽快解决宗室问题。

他出的主意，是削藩。

藩就是藩王，也就是诸侯。削藩，就是削弱诸侯们的力量。这并没有错，汉文帝就是这样做的。但文帝分齐为七，分赵为二，分淮南为三，得到封国的仍是诸侯王的子弟。晁错却不同，是要把王国的郡县夺归中央。

软刀子割肉不疼。何况按照文帝的做法，割下来的肉仍然烂在锅里，诸侯没有意见，有意见也没有话说。晁错的做法却是虎口夺食，诸侯岂肯拱手？

逼急了，没准会造反。

晁错却不管三七二十一。他说，削藩是迟早的事，造反也是迟早的事。削，他们会反；不削，他们也反。早削早反，后患小；晚削晚反，后患大。等到各路诸侯羽翼丰满尾大不掉，想削都削不了啦！

景帝觉得有道理，于是下令削去楚国东海郡、赵国常山郡、胶西国六县、吴国会稽郡和豫章郡。

令下，七国反。

造反的诸侯，有吴王刘濞、楚王刘戊、赵王刘遂、菑川王刘贤、胶西王刘卬（读如昂）、胶东王刘雄渠、济南王刘辟光，所以叫七国之乱，也叫吴楚之乱。

打出的旗号是：入诛汉之贼臣晁错。

领头的吴王刘濞气焰嚣张。他照会各国声称：敝国虽小，也有三千里；我军虽弱，也有五十万；寡人虽贫，也节衣缩食三十年。吴国在天下各处都有存款，各位大王要犒赏三军，尽管用钱，跟寡人打声招呼就行。

刘濞又在国内总动员。他说，寡人今年六十二，亲自将兵；寡人的小儿子十四岁，也身先士卒。所以，从十四到六十的男丁，都要出征。

结果，刘濞兵力猛增。

如此架势，汉景帝始料未及，方寸大乱。

晁错也慌了手脚。实际上，此人是个书呆子，情急之下竟连出昏招，居然提出要景帝御驾亲征，自己留守京城。这就等于把安全留给自己，危险留给皇上，何况麻烦还是他自己惹出来的。难怪群情激奋，皆曰可杀。[28]

汉景帝心里，恐怕也咯噔一下。

晁错却毫无知觉，又想公报私仇，利用御史大夫（副总理兼监察部部长）职权，要杀总跟自己作对的政敌袁盎，理由是袁盎曾说吴王不会造反，肯定是接受了贿赂。只不过，这一提议被监察官员们集体否决。

袁盎却得到了消息，紧急求见景帝。

景帝问袁盎：爱卿曾经担任吴国丞相，了解他们君臣的为人。你看吴楚之乱会怎么样？

袁盎说：不足为虑。

景帝大吃一惊：吴王头发白了还造反，没有万无一失的把握他会干吗？爱卿难道有什么妙计？

袁盎说：吴王和楚王作乱，是被晁错逼的。如今只要杀了晁错，派使节赦免吴楚七国，恢复他们被削之地，则兵不血刃而天下重归太平。

景帝沉默良久，然后说：朕不会因为爱护一个人，就不顾天下万民的。

十多天后，晁错被杀。

那么，刘濞他们退兵了吗？

也没有。

吴王刘濞甚至根本就不见前来宣诏的汉使袁盎。

和谈不成，就只能武力解决。

历时三个月的一场内战，最后以七国兵败、诸王皆死而告终。他们或者被杀，或者自杀，一个个身首异处。这是景帝没有想到的。想得到，他就不会杀晁错。这也是吴王没有想到的。想得到，他就不会那么猖狂。

然而两位功臣的结局，也不美妙。

功臣就是梁王刘武和太尉周亚夫。周亚夫是周勃的儿子，汉文帝时为将。文帝到他的细柳营劳军，先是进不了营门，进去以后又被告知营中不能跑马。最后亚夫出来拜见皇帝，居然手持兵器一身戎装，拱手行军礼。

汉文帝感叹说，这才是真将军呢！临终前又告诉汉景帝：将来国家有难，亚夫堪当重任。

周亚夫也不负厚望，在这次战争中大破吴军，平定了七国之乱。但他的胜利有一个前提，那就是梁王刘武坚守在睢阳，拖住七国大军三个月之久。等到叛军筋疲力尽、弹尽粮绝，转而与亚夫作战时，已是不堪一击。

梁王也乘势痛击，战功跟周亚夫一样多。

显然，没有梁王，汉帝国不可能胜利。

梁王刘武支持中央并不奇怪，因为他是汉景帝的亲弟弟，他俩的母亲窦太后甚至更喜欢这个小儿子。有太后宠爱又是功臣，梁王变得跋扈。他居然指使他人谋杀了袁盎等十多位大臣，原因是他们反对景帝立他为接班人。

这事直接导致了景帝与梁王的不和，梁王刘武最后也郁郁寡欢而死。他死后，梁国被分裂，变成梁、济川、济东、山阳、济阴五个小王国。[29]

梁王刘武死后一年半，周亚夫被诬下狱。

司法官问：君侯为什么要谋反？

周亚夫答：有什么证据说我谋反？

司法官说：就算现在没反，也打算死后在地下反。

周亚夫百口莫辩，只好去死。

一代名将周亚夫是绝食五天吐血而死的。汉景帝下此毒手，则是为汉武帝登基做准备。景帝曾看着周亚夫的背影说：这样的人，哪里是少主可以驾驭的！[30]

周亚夫死后一年多，景帝驾崩，武帝继位。这时，列祖列宗已经做好了种种铺垫，单等他大显身手。

# 第二章

# 独尊儒术

公孙弘得到提拔表面上是靠儒学，但他是儒生也是文吏，吃得开的原因是他既懂政治又懂业务。

# 可疑的独尊

汉武帝做了一个重要决定：罢黜百家，独尊儒术。

这是一件影响到千秋万代的大事。从此，中华帝国有了国家意识形态，也有了恒定的核心价值。帝国作为一种制度，也才稳定地延续了两千多年。

当然，秦制和秦政，也因此变成汉制和汉政。

这并不容易，因为武帝的祖先都不喜欢儒家。比如刘邦，是只要一看见儒生，就忍不住要摘下他们的帽子往里面撒尿的。武帝尊儒，不怕得罪祖爷爷的在天之灵？[1]

更麻烦的是窦太后。窦太后是景帝的母亲，武帝的祖母。老太太喜欢的，据说是黄帝和老子，以至于景帝和窦家人都“不得不读老子书，尊其术”。[2]

结果，闹出风波来了。

有一天，窦太后招来一个名叫辕固的儒生，要他给自己讲解《老子》。辕固却撇撇嘴说：那是家奴的书。

窦太后勃然大怒，下令让辕固到猪圈里去。景帝无奈，只好偷偷塞给辕固一把好刀，这位儒生才幸免于难。[3]

太皇太后意见如此，尊儒岂不可疑？

当然。

事实上，汉武帝从来就不是真儒家，更非纯儒。他迷信巫术，重用酷吏，都不是儒家赞成的事。他大张旗鼓招聘儒生时，大臣汲黯（读如急暗）就当面直言：陛下内心世界充满欲望，又何必装模作样讲什么仁义呢？[4]

同样，窦太后也不是真道家或纯道家。她和吕后以来的帝国统治者，是既贵黄老，又重刑名。刑就是刑律，名就是名教。刑律是法家要的，名教则是儒家的主张。所谓“黄老刑名”，首先是按照儒家荀子学派的主张确立君臣名分，然后按照法家的主张依法治国，最后像老子主张的那样清静无为，像黄帝那样垂拱而治。

可见，汉初统治阶级的思想杂糅了诸家。窦太后他们要的，也绝非老子主张的小国寡民，更非庄子主张的无政府主义。否则，封建制倒是对的，郡县制反倒不对了。

这当然绝无可能。

可能的是无为而治，与民休息。

休息是必需的。七年楚汉战争之后，举国上下满目疮痍。城池毁灭，良田荒芜，人口锐减，民不聊生，户口所存仅十之二三。当时，就连皇帝乘坐的专车，也配不齐四匹颜色相同的马，将相们甚至只能坐牛车。

于是，高、惠、文、景四朝，都厉行节俭，力求清静。因此到武帝继位，国库里已是堆满了粮食堆满了钱。田野里牛马成群，老百姓也人给家足，上流社会更是如果只有母马可骑，都觉得丢人现眼了。[5]

这不是很好吗？为什么要改弦更张呢？

因为帝国中央的清静无为，固然造福于底层民众，却也便宜了中层豪强，尤其是拥兵自重、割据一方的诸侯王。那些获得了言论自由的谋臣策士，获得了人身自由的亡命之徒，更流窜于各王国，摇唇鼓舌，兴风作浪。

对此，帝国岂能容忍！

事实上武帝及其臣僚首先打击的，是“治申（申不害）、商（商鞅）、韩非、苏秦、张仪之言，乱国政”者。前三个是法家，后两个是纵横家。[6]

显然，罢黜百家，并非罢黜道家。其实就连法家，也仍然是帝国的执政党。只不过，法家的思想武器只能掌握在统治者手中，不能让民间用来对付中央。

看来，罢黜百家的说法是可以商量的。实际上武帝他们也没有把诸子百家都赶尽杀绝，更没有派人派兵烧毁民间的藏书。真正要消灭的，是危害政权的纵横家。

这当然是窦太后也同意的。何况她喜欢清静，岂会赞同纵横家的无事生非？

那么，独尊儒术，是真的吗？

是。不过，是独尊，不是独存。也就是说，只有儒学才被确立为官学，有着毋庸置疑的至尊地位，是思想文化领域的老大，诸子百家不能与之平起平坐。

问题是，为什么要独尊一家呢？

因为统一的帝国需要统一的思想，这是秦始皇就已经意识到的。而且，始皇的焚书，武帝的尊儒，动机和说法都一样：天下大乱，皆因思想自由，言论不一。既然好不容易法令归一统，又岂能再众说纷纭？

一统天下，就不能百家争鸣。

这是秦皇和汉武的一致看法。只不过，秦始皇选错了对象（推崇法家），找错了帮手（以吏为师），用错了手段（焚书坑儒），汉武帝却对了路。

儒学，为什么就适合做统治思想？

因为儒家是维护君主制度的。这倒是跟法家一样。但法家的维护不讲道理，其手段则无非绝对权威、阴谋诡计和严刑峻法（法家称之为势、术、法）。所以，法家之道为霸道，法家之政为苛政，法家之制为专制，法家之治为刑治。结果怎么样呢？秦帝国二世而亡。

儒家则不同，道为王道，政为仁政，制为礼制，治为德治。也就是说，儒家维护君主制度是讲道理的，也有人情味。这样的统治，人民能够接受。人民能接受，政权就稳固。君主和人民都满意，就双赢。

何况儒家学说有着深厚的根基，这就是小农经济、宗法社会和礼乐传统。从这个角度看，儒学成为国家意识形态几乎是不可避免和无法替代的。而且，当儒学取得至尊地位并深入人心后，帝国时代的核心价值也产生了。

这就是三纲五常。

此事的意义当然极其深远，也许只能从长计议（详见本中华史第九卷《两汉两罗马》）。问题在于，儒家学说与帝国制度原本存在冲突。原始儒家尤其是孔子，可是主张封建制的，帝国的制度却是郡县制。那么，汉帝国之所独尊，还可能是儒学吗？

## 新儒生

登上两汉历史舞台的，是新儒学。

新儒学的代表人物，是董仲舒。[7]

董仲舒是因为汉武帝下令策问古今治乱之道，才进入皇帝视野的。正是在这次对策中，董仲舒提出了以思想大一统维持政治大一统的主张，明确建议“诸不在六艺之科孔子之术者，皆绝其道，勿使并进”。

这，就是罢黜百家，独尊儒术。

由此产生的功过是非，也往往算在此人账上。

然而在司马迁的时代，董仲舒的地位并不高。他被看作诸儒的一员，在《史记》中与他人合为一传。到班固的时代，董仲舒才脱颖而出，被推为儒首。他的“天人三策”也才载入史册，成为历史转变的里程碑。[8]

这说明什么呢？

说明独尊儒术并非汉武帝一时之事，更非董仲舒一人之功。事实上，董仲舒的新儒学成为国家意识形态，经历了漫长的过程。其深远影响，也要到后世才显现。武帝时代改写历史的，不是新儒学，而是新儒家，或新儒生。

新儒生的代表人物，是叔孙通和公孙弘。

叔孙通原本是秦帝国的博士，在二世的时代供职于宫中。这说明秦始皇其实只焚书，不坑儒（所坑为术士）。焚书的目的之于文化，也不是毁灭，而是垄断。所以，陈胜吴广起义后，被秦二世叫来问策的，是一群儒生。

儒生都是书呆子。他们的对策，是出兵镇压。

二世闻言，脸都绿了。

叔孙通赶紧上前说：天下一统，四海一家，明主在上，法令在下，哪有什么人造反？小偷小摸罢了。

秦二世龙颜大悦。

退朝后，其他儒生指责叔孙通欺君罔上，阿谀奉承。叔孙通却回答：不说假话，还有命吗？

于是，叔孙通投奔项梁，后来又跟了刘邦。

改换门庭的叔孙通也改头换面。他毫不犹豫地脱下儒生的服装，换成楚人的短衣。向刘邦推荐的人才，也尽是打家劫舍、杀人越货的为非作歹之徒。总之，叔孙通在汉王刘邦军中的表现，完全不像一个儒家。

如此这般地熬到刘邦称帝，叔孙通终于有了大显身手的机会。汉高祖七年十月，叔孙通制定的朝仪在帝都长乐宫试行。原先不懂规矩的功臣元勋们，第一次在天子面前表现得诚惶诚恐，刘邦也才真正尝到了当皇帝是什么滋味（故事详见本中华史第三卷《奠基者》）。

刘邦重赏叔孙通。

叔孙通却说：臣的学生一百多人追随左右，都参与了朝仪的制定，愿陛下让他们也有用武之地。

刘邦又任命这些人为郎官。[9]

前面说过，刘邦是讨厌儒生也讨厌儒家的，然而叔孙通却让他改变了看法。汉高祖十二年的十一月，刘邦甚至以最高规格（太牢）祭祀了孔子。[10]

汉武帝的独尊儒术，在此刻已经打下基础。

那么，叔孙通为什么会成功？

因为他是新儒生。他很清楚，时代变了，儒学也得与时俱进。过去为邦国服务，现在为帝国服务。邦国的君主都是贵族，此刻的元首却是平民。贵族是熟悉礼仪的。让平民皇帝刘邦及其部下接受儒学，却并不容易。

所以，他必须等待。

等待要有信心和耐心，这两条叔孙通都有。他很清楚，儒家那一套，用来打天下完全不行，用来治天下却长袖善舞。他也清楚，中央集权后，君臣父子之类的观念和制度不会没有用，反倒更有用。

只不过，必须投其所好，灵活变通。

所以，当刘邦南征北战时，叔孙通绝不温文尔雅。同样，刘邦问他朝仪难不难，他马上回答陛下希望如何就如何。后来排练，刘邦也认为不难。其实哪里不难，不过删繁就简，做了调整而已。

结果是皆大欢喜。原来那些质疑叔孙通的，也都改变态度，称他为“知当世之要务”的真圣人。

圣不圣，不好说。不迂不腐，是真的。

公孙弘也一样。

与董仲舒同时被武帝看中的公孙弘，当过狱吏也做过猪倌，成为朝臣时已年过六十，堪称老奸巨猾。他很清楚汉武帝是假儒家。因此，每次金殿对策，他提出的主张都很务实，却引经据典用儒学做装饰，汉武帝很受用。

公孙弘还有一招：遇到难办的事，总让直肠子汲黯先开口，自己跟进。如果汲黯在武帝那里碰了钉子，公孙弘就马上改口。次数多了，汲黯忍无可忍，在汉武帝面前当廷揭发公孙弘的背信弃义，斥责他不忠。

公孙弘却答：了解臣的认为忠，不了解的认为不忠。

汉武帝笑。

另一次，汲黯又揭发说：公孙弘位在三公，俸禄甚多，却用土布做被子，这是狡诈。

汉武帝又问公孙弘如何解释。

公孙弘答：汲黯所言属实。臣官居御史大夫（副总理兼监察部部长），却用土布做被子，确实未免有沽名钓誉之嫌。陛下明察，满朝文武与臣关系最好的，莫过于汲黯。今日汲黯当廷责臣，正中臣的要害。臣认账。更何况，如果没有汲黯，陛下哪里知道这些？

结果，汉武帝更加看重公孙弘。

元朔五年十一月，汉武帝封公孙弘为平津侯，这时他已经官居丞相。西汉的惯例，从来就是列侯才能为相，叫封侯拜相。公孙弘却开了一个新例，即拜相封侯。更重要的是，先封侯后拜相的都是功臣。从公孙弘开始，先拜相后封侯的，却有可能是儒家之徒了。[11]

这也正是董仲舒希望的。

## 仕途即前途

的确，董仲舒和公孙弘，是西汉新儒家的两个代表人物。董仲舒是理论家，他回答了“为什么要独尊儒术”；公孙弘是行动派，他解决了“怎样才能儒术独尊”。

怎样才能呢？

垄断仕途。

这当然是抓住了根本。我们知道，帝国与邦国有一个重要区别：邦国是贵族政治，帝国是官僚政治。帝国的中央政府和地方组织，都由官员代理皇权。如果这些官员都是儒生，儒学的独尊地位就不可动摇。

然而垄断仕途并不容易，因为高祖的权力机关原本是军政府。所谓“非封侯不得拜相”，就是要维护军人的政权。流血牺牲打下的江山，岂能拱手相让于儒生？

问题是，军人政治即贵族政治。如果帝国的官员永远都是勋贵们的子弟，中央集权就不可能实现。因此，文官政府的建立是迟早的事，只不过得慢慢来。

公孙弘的办法，是先抓教育。

元朔五年六月，已被封为平津侯的丞相公孙弘，上书请为博士设弟子。博士是秦汉帝国的学术官僚和技术官僚，任务是为皇帝充当顾问。他们虽无决策权和行政权，却常常列席御前会议，很有发言权和影响力。

此时，研究诸子百家的博士都已被罢黜，皇帝的顾问团只剩下五经博士。五经就是儒家经典《诗》、《书》、《易》、《礼》、《春秋》。为五经博士设弟子，其实就是动用国家力量和经费，为儒家培养接班人。

公孙弘老谋深算。

五经博士是皇帝的顾问，也是太学的教官。博士弟子就是太学生。他们入学后，每年考试一次，成绩优秀的可以做官，成绩一般的可以为吏，不及格的退学。

这样一来，董仲舒建议设立的太学，就不但成为当时唯一的最高学府，也成为帝国官员的培养基地。大批接受了儒家高等教育的年轻人，进入权力机关，走上领导岗位，干部队伍的结构为之一变，气质也变得文质彬彬。[12]

军人政府，开始转变为士人政府。

变化让最高统治者感到满意，博士弟子的名额也开始逐渐增加：武帝时五十，昭帝时一百，宣帝末二百，元帝时千人，成帝时竟多达三千。

不难想象，每年上千儒生进入各级政府，那会是一种怎样的局面。至少，独尊儒术已不再是空谈。

与此同时，统治集团与知识阶层也达成交易。

知识阶层就是士。士在春秋以前是最低一级贵族，在秦汉以后是最高一级平民，在战国和楚汉之际则是不安定因素。因为士的特点，是有知识，有文化，有技艺，无产业。他们就像毛，必须依附在皮上。没有皮，就动乱。

西汉初年的情况正是如此。天下一统后，大批依附于各路诸侯的士人下岗待业，流落民间，不知所从。如不妥善安置，岂非又要冒出范增、陈平和蒯通来？

这当然很糟糕。

实际上，武帝登基后，首先要罢黜“治申、商、韩非、苏秦、张仪之言”的士，就因为此类人物在当时为数不少，尽管他们的目的不是乱国政，只是找工作。

但是现在好了。汉武帝和公孙弘告诉士人：帝国就是最好的皮，仕途则是最好的前途。只要尊孔读经，就能拜相封侯，荣华富贵，耀祖光宗。

显然，这是一种收买。

不过，帝国只收买儒生，却堪称高明。因为儒家是主张忠君爱国的。事实上，此后即便在王朝末年，士人都很少参加造反。将起义者们凝聚在一起的，也从来不是儒家思想。赤眉、黄巾、白莲教、太平天国，都如此。

因此，尽管两千多年以来，王朝更替在所难免，帝国制度却稳如泰山。同样，儒家虽不能绝对垄断仕途，却成功地将其他学派排斥在政治生活之外。就连后来兴起的玄学和佛学，也很难挑战其老大地位。

这是一笔双方都很合算的买卖。

是啊，儒家奉献知识忠诚，帝国开放官位俸禄；儒家谋取了生存空间，帝国得到了国家栋梁；儒家获得了对意识形态的控制，帝国则把它变成自己的统治工具。

一个独尊，一个至尊，一个垄断，一个把玩，他们当然会拍板成交。

但，这又是一笔不平等的交易。

的确，尽管帝国承诺要按照儒家思想来治国，然而在事实上，行王道还是行霸道，却完全由不得儒生。王道好用够用时，自然不妨温文尔雅，歌舞升平。一旦不够趁手，就会大打出手，甚至杀人如麻。

总之，帝国可以随心所欲，翻脸不认人，知识阶层却必须履行魔鬼协议，从此交出灵魂，不再有自由的思想和思想的自由。而且，由于这一次的集体出卖，中国知识界在今后漫长的岁月里，还要遭受无数次磨难和摧残。

因此，这是另一种“焚坑事业”。

是的。独尊儒术与焚书坑儒，只有手段的不同，没有本质的区别。其目的，都是要统一思想。只不过，秦始皇威胁，汉武帝利诱；秦始皇不准人民读书，汉武帝要人民只读一种书。结果，始皇失败，武帝成功。[13]

然而汉武帝的成功，却不是儒家的，而是法家的。法家其实很清楚，统一思想靠杀人是不行的，得靠诛心，正所谓“太上禁其心，其次禁其言，其次禁其事”。[14]由此推论，杀其人就是最次的了。

相反，收买人心则是成本最低而效果最好的办法。不要忘记，法家是主张“两面三刀”的。三刀，就是绝对权威、阴谋诡计和严刑峻法；两面，则是赏和罚。始皇用罚故焚书，武帝用赏故尊儒。但，给儒家吃冷猪肉，绝不等于对其他人就不会挥舞狼牙棒。

那就让我们来看看汉武帝的法家嘴脸。

## 受辱，还是去死

先看一份死亡名单：

建元二年，御史大夫赵绾下狱自杀。

元光四年，魏其侯窦婴被杀。

元朔二年，齐相主父偃被杀。

元狩四年，前将军李广自杀。

元狩五年，丞相李蔡下狱自杀。

元狩六年，大司农颜异被杀。

元鼎二年，御史大夫张汤自杀。

元鼎二年，丞相庄青翟下狱自杀。

元鼎五年，丞相赵周下狱自杀。

天汉三年，御史大夫王卿自杀。

征和二年，丞相公孙贺下狱死。

征和三年，丞相刘屈氂下狱腰斩。

后元元年，御史大夫商丘成自杀。

以上十三人，都在汉武时期非正常死亡，其中丞相五人，御史大夫四人。不在名单中的，还有太子刘据和皇后卫子夫，以及新太子（汉昭帝）的母亲钩弋夫人。他们有的死于汉武帝的淫威，有的死于他的峻法。

比如李广。[15]

长年在边疆保家卫国的李广，是被匈奴称为“汉之飞将军”的。他曾经生擒匈奴的射雕英雄，也让匈奴长期不敢来犯。汉文帝甚至感叹他生不逢时。文帝说，李广如果生在高帝时代，封万户侯又算什么！

然而李广却被逼自杀。

李广实际上是被汉武帝害死的，尽管汉武帝并不负直接责任。元狩四年，武帝发动漠北之战，由大将军卫青和骠骑将军霍去病率兵攻击匈奴，李广被任命为前将军。这时他已六十多岁，很愿意争取最后的辉煌。

可是作为前将军，李广接到的命令，却是走东路与大军会合。这道奇怪的命令背后，其实另有原因。原来，汉武帝曾私下里告诫卫青：李广命数不好，是单数。孤星照命，让李广打头阵，恐怕不吉利。

汉武帝一句话，就断送了李广的前途。

正好卫青也有私心。他要把头功留给自己人，便把李广变成了当年的陈胜。由于东路难走，又没有向导，迷失了方向的李广部队不能及时赶到指定地点，依律必须接受军事法庭的调查，甚至审判。

心中有愧的卫青倒是愿意为李广说情，李广却不肯配合。他说：我老了，无法再对簿公堂。于是拔刀自尽。消息传出，全军皆哭。老百姓听说，也都哭。

那么，李广为什么宁肯自杀，也不申诉？

因为帝国的法庭和监狱都太恐怖。想当年，绛侯周勃从看守所放出来的时候，就曾心有余悸地说：我将兵百万，位极人臣，今天才知道狱吏的威风。[16]

帝国的律法也极其苛严。比如云中太守魏尚，出生入死战功赫赫，却仅仅因为上报的杀敌数字与上交的敌人首级差了六个，便被下狱罚为苦力。武夫们多半没有文化，这样的差错谁不会有？帝国却不依不饶。[17]

我们知道，魏尚时的皇帝是汉文帝，文帝可是以宽厚仁慈著称的。这时被调查的官员和将领，尚且只要一句话对不上号，便会被绳之以法，何况武帝时代？帝国的法官几乎都是酷吏，李广又哪里是对手？

所以，受审即受辱。

士可杀不可辱，李广选择了死。

选择受辱的是司马迁。

司马迁遇难，是因为李陵。李陵是李广的长孙。李广自杀十九年后，李陵随贰师将军李广利出征祁连山，奉命率步兵五千人吸引匈奴兵力，结果被八万人团团围住。李陵血战八天而救兵不到，弹尽粮绝，被迫投降。

显然，李陵之败，是因为李广利指挥失当，救援不力。但李广利是汉武帝的大舅子，当然不会被追究责任。相反，司马迁为李陵说公道话，却被视为别有用心。

于是，汉武帝将司马迁下狱法办。

司马迁被判处的是死刑。依照当时的律条，死刑可以用钱赎买，也可以用腐刑顶替。但是他没有那么多钱，周围的人也不肯伸出援手。如果像李广那样去死，则《史记》无法完成。司马迁别无选择，只能接受腐刑。

腐刑又叫宫刑。受此刑者，男的割掉阴茎，女的破坏阴道。这当然极其残忍，也为任何男人和女人所无法忍受，因此在汉文帝时一度被废。不过，此刑很快又被帝国恢复，直到隋文帝开皇初年才被彻底废除。

可惜，司马迁遇到的不是隋文帝，而是汉武帝。他只能去承受肉体的痛苦和精神的屈辱。受刑之后，司马迁“肠一日而九回”，坐立不安，汗流浃背，神情恍惚，一度仿佛变成没有灵魂的行尸走肉。[18]

这种痛苦，汉武帝知道吗？

也许知道，也许不知道。但重要的是，他不需要知道，因为他的立法精神就是要让你痛苦。更险恶的是，他的制度居然这样设计：要么去死，要么受辱。尊严和性命，只能二选一，除非你有足够多的钱。

请问，这是什么狗屁法制？

有此酷刑，实在是一个民族的奇耻大辱。看来，法治也未必靠得住。如果那法是王法，治国的是帝王，法治也可能是专制，只不过“依法专制”而已。任何人权都不会有保障，所有的人都不会有尊严。

德治和儒术，就更靠不住。

的确，司马迁是景仰孔子的。他称孔子为至圣，由衷地赞美说：高山仰止，景行行止，虽不能至，心向往之。[19]可惜，这位伟大的圣人即便再世，恐怕也奈何不了帝国的统治者，哪怕是在独尊儒术的时代。

更何况，汉武帝又何尝当真尊儒？在他那里真正吃得开的，甚至不是新儒生，而是刀笔吏。

## 又见秦政

刀笔吏的代表人物是张汤。[20]

张汤似乎天生就是法官。小时候，老鼠偷了他们家的肉。被父亲责打的张汤，挖地三尺将老鼠捉拿归案，而且鼠赃俱获。于是，小张汤升堂问案，读诉状，出证据，录口供，最后将老鼠验明正身就地正法。

这事让张汤的父亲对他刮目相看。担任长安县丞（副县长）的张汤之父，便把儿子送去学习法律。学成之后，张汤成为专业法官，从基层法院的办事员做起，一直做到帝国的最高监察官员御史大夫。

与此同时，他也成为西汉著名的酷吏。

酷吏就是执法苛严的官吏，作风相反的则叫循吏。酷吏是老早就有的。吕后时有侯封，文景时有郅都，武帝时更可以开出长长的名单：宁成、周阳由、赵禹、张汤、义纵、王温舒、尹齐、杨仆、减宣、杜周，可谓于斯为盛。

这当然自有原因。

原因是复杂的，酷吏与酷吏也各不相同。比如王温舒死后家财万贯，尹齐的家产却不满五十金，张汤的则只够买五匹马。可见张汤和尹齐，虽然枉法，却不贪赃。他们是酷吏，同时也是清官。

事实上也有两个张汤：好官张汤和酷吏张汤（尽管两个张汤是同一个人）。好官张汤的故事和意义，我们到第四章再讲，这里只说酷吏张汤。

酷吏张汤的代表作，是颜异案。

颜异被害时的官职是大司农。大司农是九卿之一，即汉帝国中央政府的部长，主管国家的财政经济，物价、国库、土地、交通运输和盐铁专卖也都归他管。颜异得罪汉武帝，便是因为金融货币问题。

元狩六年，汉武帝和张汤发明了一种新货币，叫白鹿皮币。具体地说，就是用一尺见方的白鹿皮，四边绣上水草，价值四十万。同时规定，王侯宗室朝见皇帝，必须用白鹿皮币垫着玉璧，才能行礼。

大司农颜异表示反对。因为一块苍玉才几千块钱，垫子倒要四十万，岂非本末倒置？

汉武帝很不高兴。

于是张汤将颜异下狱，判处死刑，罪名是腹诽。腹诽就是嘴上不说，心里诽谤。这种罪名，本身就是欲加之罪何患无辞，何况就连这也不能成立。因为颜异不赞成白鹿皮币是公开的，并没有欺上瞒下，又何尝腹诽？

但，君臣意见不一原本正常。颜异作为财政大臣，对经济政策发表看法，不但合法，而且合情合理。要治他死罪，只能节外生枝，故意找茬。

然而证据居然被张汤找到。有一次，某人在颜异那里做客，谈话时对朝廷政策表示了不满。颜异当时什么都没说，只微微动了一下嘴唇。于是张汤起诉说：这就是腹诽。欺君罔上，心怀不轨，大逆不道，罪该万死。[21]

汉武帝很满意。

显然，这不是法治，而是专制。或者说，以法制行专制。在这里，法制跟儒术一样，不过是装饰品。但，装饰既然是必需的，那就得有懂法律的人来做帮凶。

所谓“刀笔吏”便应运而生。

刀笔吏，就是帝国的司法官员。纸张发明前，法官和书吏录口供，做判决，都用笔写在竹简上。写错了或者要修改，就用刀削去重写。这些人掌握了刀和笔，想怎么写就怎么写，想怎么削就怎么削，所以叫刀笔吏。

那么，刀笔吏有可能舞文弄法吗？

有。汉的律令，在刘邦时代不过约法三章，但到武帝时代却增至359章。其中，死罪律409条，1882款，案例13472个。这样繁多的法令，专业人员也看不完，更不用说不懂法律的其他官员和普通民众了。

结果是什么呢？是帝国的司法被玩弄于刀笔小吏的股掌之间。他们想让你活，可以有一千条理由来开脱；想让你死，也有一万个案例可参照。[22]

刀笔吏成了阎王爷，法治也就变成了人治。

这时，执法官员的道德品质和价值取向，就变得十分关键。比如董仲舒，恐怕是真有恻隐之心的。他曾经按照“亲亲相隐”等儒家伦理，挽救了许多人的性命。直到东晋时期，还有人援引董仲舒的判例为自己申冤。[23]

但更重要的，还是最高统治者的倾向。

主张司法公正的，是汉武帝的曾孙汉宣帝。宣帝曾下诏说，过去书吏执法，挖空心思给人妄加罪名，这是朕的不德。判决不公的结果，势必是恶人心存侥幸，好人无辜被戮，这绝不是朕愿意看到的。[24]

汉宣帝这么说，当然事出有因。事实上汉武帝跟秦始皇一样，喜欢严刑峻法。他要实行的，则是铁血政策。于是在汉武帝的治下，又见秦政和秦吏。

比如杜周。

杜周比张汤还要恐怖。他担任帝国最高司法行政长官（廷尉）时，一年受理案件一千多件，每件大的牵涉到几百人，小的也有数十人，涉案总人数十六七万，下狱的二千石（省部级）官员不少于一百人。

这么多的案子，怎么办理呢？

很简单，汉武帝想打击排挤的，就刑讯逼供，屈打成招；汉武帝打算放一马的，就慢慢帮他开脱。

胡亥和赵高，也不过如此吧？

这种作风，就连杜周的门客也看不下去。当时，帝国的法律都写在三尺长的竹简上，叫三尺之法。因此门客说：大人的职责在主持正义，却不以三尺为准绳，专以上意为取舍，法官难道是这样做的吗？

杜周却嗤之以鼻。杜周说：什么法不法的！请问三尺之法从哪里来？告诉你，先帝肯定的就叫做律，今上认可的就叫做令。依法？你说说什么是法？

皇帝就是法。

那么，世上还有公道吗？

## 非儒非法非主流

主张天下要有公道的，是汲黯。[25]

汲黯在武帝朝担任的最高职务，是主爵都尉。主爵都尉是负责列侯封爵事宜的中央政府官员，位列九卿，相当于国务会议列席成员，享受正部级待遇。

这就比公孙弘和张汤差得远。公孙弘和张汤在汲黯位列九卿时，都不过蕞尔小吏。但是后来，公孙弘担任了丞相（国务总理），张汤任御史大夫（副总理级）。一个拜相封侯，一个位在三公，只有汲黯原地踏步。

对此，汲黯很不以为然。他对汉武帝说：陛下用人怎么就像堆柴火，越是后来的就越是放在上面（成语“后来居上”的来历就在这里）！

汉武帝默然。

其实这两人后来居上，并不因为武帝要堆柴火，只因为他们摸准了皇上的心思。武帝要用儒术装点门面，公孙弘就子曰诗云；武帝要用刑法杀一儆百，张汤就深文周纳。一个唱红脸，一个唱白脸，当然好戏连台。

实际上汉武帝也不得不如此。秦政苛，结果是天下溃而叛之。这就要独尊儒术，标榜仁政。汉政宽，结果是网漏吞舟之鱼。这就要重用酷吏，建立权威。

这在汉武帝，就叫齐头并进，两手都硬。

汲黯却左右开弓，反儒也反法。

在汲黯看来，儒法两家都不可取。新儒生大多口是心非，阿谀奉承，巧言令色，耍小聪明，公孙弘是代表。刀笔吏则舞文弄法，争强好胜，滥杀无辜，陷害忠良，张汤是代表。所以他既反对公孙弘，也反对张汤。

汲黯揭发公孙弘，前面已经说过。他对张汤，同样毫不留情。有一次，汲黯甚至当着武帝的面，痛骂职务还是廷尉的张汤：身为正卿，上不能富国，下不能安民，却擅改高皇帝约法，就不怕断子绝孙吗?

张汤的对策，是跟汲黯咬文嚼字，找茬。

结果汲黯忍无可忍。他说：难怪大家都讲不能让刀笔吏做高官。果然！果然！如果按张汤那一套办，只怕普天之下都不敢抬腿走路、正眼看人了！

公道什么的，当然也不会有。因为“智足以拒谏，诈足以饰非”的张汤，名为整顿吏治，实为固宠弄权。

汲黯哪里知道，汉武帝并不怕这个。他要的也不是公道，而是霸道，只不过得装扮成王道。因此，他的用人观念跟汲黯不同，阶级观念也不同。

的确，汲黯的出身是很高贵的。他原本是卫国人，祖上世代都是卿大夫。这样的贵族，哪里看得起放猪出身的公孙弘、小吏出身的张汤？在他眼里，这都是小人。

然而汲黯没有想到，汉武帝必须用小人，因为帝国不是邦国。邦国是贵族的时代，也是君子的时代。帝国则是平民的时代，也是小人的时代。这个历史进程，是不可逆转的。刘邦不就是小人吗？韩信和陈平不也是吗？

何况汉武帝还有一个打算，那就是从功臣勋贵们的手中夺权。这就不能靠贵族，得靠平民；不能靠君子，得靠小人。公孙弘和张汤确实出身卑贱，不讲原则，一味媚上，十足的小人。但，帝国要的就是这个。

保留贵族精神和君子之风的，便只有汲黯。

汲黯是表里如一的。他那句“内多欲而外施仁义”的名言，就是当着汉武帝的面在朝堂所说。尽管当时满朝失色，汲黯却无怨无悔。他说，天子设立百官，难道是用来拍马屁的吗？就算有危险，又岂能让朝廷蒙辱？

难得的是，汉武帝对汲黯一让再让，礼遇有加。大将军卫青来，他坐在马桶上就见了。丞相公孙弘来，他帽子不戴就见了。汲黯进宫，汉武帝却一定正襟危坐。如果匆忙之间来不及整理衣冠，则会躲进帐中，以免不恭。

这是对汲黯人格的敬重。

为着这份敬重，我们也要对汉武帝表示敬意。

汲黯也值得敬重。元狩二年，为了接待前来投降的匈奴浑邪王，朝廷向民间借马，结果没凑够数。汉武帝认为长安县令办事不力，要开刀问斩。汲黯却挺身而出：长安令无罪！只要杀黯一人，就有马了。

汉武帝又默然。

汲黯说这话，是因为他当时担任右内史，是长安县令的长官。下属被问责，长官当然要承担领导责任。这在汲黯，就是一个高贵者应有的担当。

贵族精神，是要用生命来支持的。

其实汲黯担任右内史，是丞相公孙弘的阴谋诡计。因为右内史相当于首都市长，辖区内尽是高官权贵，很难治理。以汲黯之耿直，岂有不得罪人出点事的？

然而公孙弘的说法却冠冕堂皇：如此重任，非指派老成谋国、声望极高的大臣不可。

谁是君子，谁是小人，岂非一目了然？

汉武帝当然也清楚。因此，尽管公孙弘和张汤恨死了汲黯，他自己也咬牙切齿，却终究没有对汲黯下毒手。看来，武帝起用小人，也是迫不得已，或者权宜之计。内心深处，恐怕还是敬重君子的。

有一次，中大夫庄助替汲黯请病假。

汉武帝问：你看汲黯是一个什么样的人？

庄助说：谁都不能动摇。

汉武帝说：是。他差不多可以算社稷之臣了。

社稷之臣，就是跟国家休戚与共的大臣。这可是连平定了所谓“诸吕之乱”的周勃也未曾得到的评价，却被汉武帝给了汲黯，而且是在汲黯当面顶撞了他之后。[26]

汉武帝不愧为雄主。

汲黯的存在，也许是一个异数，更非主流。但汉武的政治，却可以肯定是混合型的。在他那里，有儒家主张的德治，法家主张的刑治，也有墨家主张的人治。尽管汲黯不被承认是墨家，又尽管他被认为是道家。

是的，大汉王朝并没有唯儒术而独尊。当时没有，以后也不会有。武帝他们真正想要的，是中央集权。

第三章

# 高度集权

桑弘羊也理直气壮，因为他并没有以权谋私。
他之所谋为国家利益，他之所护为中央集权，他之所求为富国强兵。
你要说他不道德，先得否定这三项。

## 谢幕的帝国

建立中央集权的大帝国，曾经是世界性趋势。[1]

事实上，当我们民族诞生了自己的第一帝国时，世界舞台上已经有好几个帝国先后谢幕。亚述、波斯、马其顿都在秦汉之前，之后则还有罗马和阿拉伯。

这些都是大帝国。亚述地跨西亚和北非，波斯、马其顿、罗马和阿拉伯，则横跨亚、非、欧。其中，亚述堪称全世界的“第一帝国”。因为正是亚述，在历史上第一次将那么多不同的民族和国家——叙利亚、腓尼基、以色列、巴比伦、埃及和埃兰，统统拢在了一起。

波斯帝国也了不得。仅首都就有四个，版图则包括伊朗高原、中亚大部、印度西北、整个西亚、北非的埃及和欧洲的色雷斯，以及爱琴海的一些岛屿。

但，亚述帝国的寿命却只有半个世纪。

寿命更短的是马其顿帝国，跟国王亚历山大在位时间一样长，只有十三年。寿命长的，波斯帝国二百年，阿拉伯帝国约五百年。从屋大维称帝到西罗马帝国灭亡，罗马帝国也近五百年。以后，东罗马帝国还有一千年。

显然，即便是罗马帝国和阿拉伯帝国，也比不上中华帝国：两千一百三十二年。

这很有意思。

罗马和阿拉伯帝国的成败得失，我们以后再说，这里只说亚述、波斯和马其顿。

马其顿帝国其实是个暴发户。他们在波斯帝国达到鼎盛时期，甚至在我们民族进入战国时，都还没有像模像样的国家。但从阿刻劳斯到腓力二世，短短八十年，马其顿就成为强大的王国，并征服了希腊。

亚历山大把王国变成帝国，也几乎不费吹灰之力。这固然因为他能力超强，更要拜命运所赐：希腊衰落，波斯内乱，印度河流域诸国林立一盘散沙。亚历山大的东征西讨势如破竹，简直就是摧枯拉朽。

马其顿，命中注定要横空出世。

亚述的情况也差不多。

第一帝国亚述也是后起之秀，发祥地则是幼发拉底和底格里斯这两河之间。两河流域中下游是一大片冲积平原，希腊人称为“美索不达米亚”，北部叫亚述，南部叫巴比伦尼亚。后者又分南北，北部阿卡德，南部苏美尔。[2]

两河流域文明的兴起，是从南到北的。最早出现的是苏美尔城邦，时间在我们的神话时代；然后是阿卡德王国，时间在我们的尧舜时代；然后是巴比伦王国，时间在我们的夏。亚述崛起时，我们已是东周。

亚述、巴比伦、阿卡德、苏美尔，一个比一个兴盛强大，这可真是后来者居上。

然而亚述征服世界，却完全依靠武力。他们的统治也一样，其残暴程度与秦相比有过之无不及（见本中华史第三卷《奠基者》第六章）。结果是他们的帝国连同他们的文明一并毁灭，而且不再复活。

这可真是印证了陆贾对刘邦说过的话：天下可以在马上获得，不可在马上治理。

有所不同的，是波斯帝国。

波斯帝国也是勃然崛起的。他们先是在中国进入春秋中期的时候，直接由部落联盟变成了王国，又在第一任国王居鲁士手上迅速变成了帝国。我们民族花了一千八百年才走完的路，他们一步就跨过去了。

幸运的是，波斯人并没有单纯依靠武力。

帝国第四任皇帝大流士是一个改革家，他跟秦始皇一样修建了国道和高速公路。从苏撒到小亚爱非斯的御道全程两千四百公里，另一条重要干道则西起巴比伦城，横贯伊朗高原，东至巴克特利亚和印度边境。这是他的车同轨。

同样，大流士也清楚统一的帝国需要统一的思想，因此确立琐罗亚斯德教（拜火教）为国教，但只作为精神寄托和号召，不强迫臣民信仰。这是他的独尊儒术。

大流士，是秦始皇加汉武帝。

此外，大流士还在世界历史上第一次制定了统一的货币制度，规定中央政府铸造金币，行省铸造银币，自治城市铸造铜币。相比较而言，马其顿帝国混合使用波斯的金币和希腊的银币，虽有利于商业，却不利于集权。

三种货币同时流通又分级铸造，大流士张弛有度。

这一事实也证明，波斯帝国是实行郡县制的。只不过他们的郡叫萨特拉皮亚，汉译为省，有二三十个，大多是被他们灭掉的国家，比如巴比伦省、埃及省、印度省，跟我们春秋战国时期改灭国为郡县一样。

波斯帝国的行省，每省一个总督（省长），一个省军区司令。省军区的上级是大军区，一共五个。大军区统辖省军区，最高统帅则是波斯皇帝。

行省的总督和司令却互不隶属，直接对皇帝负责。总督身边还有皇室秘书，是皇帝的特派员和耳目。此外，皇帝还不定期派巡视员到各地明察暗访，通报社情民意。

有垂直管理的军政两个系统，有军政并立的地方行政制度，还有钦定的信仰、四通八达的道路以及沿途密集的驿站和兵站，波斯堪称中央集权的大帝国。

那么，大流士们的江山永固了吗？

没有。

公元前334年，马其顿军队入侵波斯。四年后，大流士三世兵败身亡，波斯帝国便万劫不复。

这又是为什么？

原因当然是多方面的。比方说，与希腊长达半个世纪的战争，消耗了大量的人力、财力和物力。帝国后期行省总督往往兼任军区司令，也跟中国晚唐的藩镇割据极其相似。西部各省总督甚至联兵反叛，中央集权名存实亡。

但，问题更在帝国本身。

实际上，波斯帝国过于庞大，结构则极其复杂。埃及、巴比伦、埃兰、腓尼基、以色列、希腊、印度，哪一个没有自己的语言、文字和文明，岂能只靠强权统合在一个圈子里？就算可以车同轨，恐怕也难书同文。

波斯帝国的统治基础，其实是脆弱的。

马其顿的基础就更脆弱，庞大的帝国几乎完全系于一人之身。因此亚历山大一死，他的帝国就分裂为马其顿-希腊、托勒密（埃及）和塞琉古（叙利亚）等独立王国，再也没有一种力量把他们重新整合起来。

有此力量的，是中华帝国。

中华帝国有此力量，是因为帝国之前有邦国，郡县之前有封建。邦国制或封建制的紧要之处，则在于诸侯的国，大夫的家，都臣属于天子。有这样一个天下共主，就不难实现文化认同。有同一文明做基础，发展为统一大帝国就顺理成章。至少，嬴政或刘邦称帝，远比空降一个波斯皇帝或马其顿皇帝要容易得多，也稳当得多。

何况此前的春秋战国，还在为帝国的诞生做准备。

天下共主，文化认同，五百年的预备期，这些都是亚述、波斯、马其顿没有的。所以，尽管中华帝国的初夜并非没有纠结，要封建还是要郡县也曾经引起争论，但项羽的分封天下终于失败，韩信和英布也都没能变成亚历山大死后的托勒密或塞琉古。中央集权大局已定，留给汉武帝的问题，是如何对付同姓诸侯王。

# 把王侯变成羔羊

同姓诸侯王是封建制度的后遗症。

不能说刘邦当年的决策是错误的。毕竟，从西周封建到秦汉建国，有八百年的历史。封建和邦国，也未尝没有制度的优越性。何况功臣要酬劳，不能不封异姓王；空白要填补，也不能不封同姓王。

更何况，分封只是分权，不是分裂。有一个“王国与郡县并存”的过渡期，比波斯帝国和大秦直接实行郡县制要相对稳妥，更比马其顿帝国的分崩离析好得多。

然而分权就不能集权，集权就不能分权。帝国与邦国不能兼容，王国与郡县也不能并立。任由王国发展，势必尾大不掉。因此，分封同姓诸侯只能是权宜之计，彻底废除封建制度则势在必行。

是的。封建制或邦国制的历史使命已经完成。长江后浪推前浪，前浪必须死在沙滩上。

只不过，最好是安乐死。

于是，汉武帝给了温柔一刀。

这一刀，叫推恩。

推恩，是汉武帝元朔二年实行的政策，设计者叫主父偃。主父偃是纵横家，他的设计也堪称权谋的代表作。具体做法，是让诸侯王分出国土，封给自己的子弟。换句话说，就是把浩荡皇恩推广到下一代，所以叫推恩。

这当然行得通，因为诸侯王的子弟都拥护。这也讲得过去，因为符合儒家父慈子孝的精神。这又是对帝国非常有利的，因为不费一兵一卒，诸侯的实力已被削弱。

所以，汉武帝立即采纳。

但具有讽刺意义的是，出这主意的主父偃，跟当年力主削藩的晁错一样，也无辜被杀。而且，极力主张杀掉主父偃的，正是新儒家公孙弘。

公孙弘为什么要杀主父偃？

因为主父偃把事情闹大了。

前面说过，公孙弘是新儒家，主父偃是纵横家。纵横家都喜欢惹是生非，主父偃也不安生。他先是揭发燕王刘定国，后来又整治齐王刘次昌，罪名都是淫乱。

结果，燕王和齐王畏罪自杀，王国归了中央。

说起来这两个家伙胡作非为也不奇怪。七国之乱以后的诸侯王，既无权力治理王国，也不能任命高级官员，实际上被剥夺政治权利终身。他们在帝国中央派去的国相监视之下，饱食终日无所作为，不淫乱又能干什么？

何况国王有罪，正好夺其王国，汉武帝求之不得。

所以，他并不打算杀主父偃。

公孙弘却慷慨陈词。他说，害得齐王身死国除的，就是主父偃。不杀了他，没法向天下人交代。

汉武帝当然不能说齐王自杀正合朕意。而且，从韩信之死到晁错之死，大汉皇帝从来就不在意兔死狗烹。于是主父偃被灭族，时间也在元朔二年。后来，司马迁把公孙弘和主父偃合为一传，则更是意味深长。[3]

不过，主父偃虽死，推恩法却大力推行。

推恩法的紧要之处，是诸侯王的子弟只能封侯，不能封王。侯的封号由汉武帝确定，封国则改属中央，不再属于原来的王国。很清楚，推恩法的最大受益者，其实是汉帝国，只不过侯国在名义上仍属于诸侯王子弟。

所以，汉武帝还要巧取豪夺。

夺国的最好办法，当然是找茬治罪。正好，汉文帝曾经规定，每年八月大祀宗庙时，诸侯和列侯都要献金助祭，叫酎金（酎读如宙）。汉武帝的办法则是：酎金分量不够或成色不好，取消侯爵封号，收回侯国。

那么，分量够不够，成色好不好，谁说了算？

汉武帝。

这实在太方便了。结果，仅元鼎五年，因为酎金问题而被夺爵的列侯，一次就多达106人，丞相赵周也因此搭上了性命。[4] 然而终武帝一朝，由于推恩而被封侯的王子，总共也才175人。[5] 诸侯王身上的肉，就这样零割下来，又吞进汉武帝的肚子里，只不过走了推恩的程序。

黑社会洗钱，也不过如此吧？

然而就连被一削再削的诸侯王，汉武帝也不放过。武帝一朝，因有罪而被废的王国有九个，名单如下：

> 淮南王刘安，自杀国除，罪名谋反；
>
> 衡山王刘赐，自杀国除，罪名谋反；
>
> 济川王刘明，废为庶人，国除，罪名杀人；
>
> 燕王刘定国，自杀国除，罪名淫乱；
>
> 齐王刘次昌，自杀国除，罪名淫乱；
>
> 江都王刘建，自杀国除，罪名谋反；
>
> 济东王刘彭离，废为庶人，国除，罪名杀人越货；
>
> 常山王刘勃，徙房陵，国除，罪名不守礼法；

济北王刘宽，自杀国除，罪名乱伦、诅咒。

此外，还有四个王国由于没有后代，也被撤销。

半数左右的王国没有了，大多数侯国也没有了。那些苟延残喘的王国和侯国，则早与郡县无异。封建制的后遗症已不足为患，要帝国还是要邦国更无须争论。

实际上到这时，无后的也好，有罪的也罢，都已经不成气候。世袭的王侯不过纨绔子弟，从小长在深宫，娇生惯养，并无阅历，更无能力，名为凤子龙孙，实为酒囊饭袋。除了被汉武帝当作羔羊宰割，其实别无选择。[6]

就连淮南王刘安，也如此。

吴王刘濞之外，最有谋反资本的就数刘安。他是刘邦小儿子刘长之子，不折不扣的“刘皇叔”。刘安自己学问既好，手下人才也多，《淮南子》就是他主编的。所以，从汉武帝继位起，就不断有人说他能当皇帝。

刘安自己，也这么认为。

但是怎么样呢？谋反策划了近二十年，败亡却在顷刻之间。汉武帝甚至没费一兵一卒，只是派官员到淮南国去办案问罪。结果使节未到，刘安就自杀了。[7]

这时回首七国之乱，便觉恍如隔世。

想当年，刘濞的气焰何等嚣张，帝国的形势又何等严峻。惊慌失措之下，汉景帝甚至杀了晁错，撤销了削藩令，刘濞却照样称帝，照样发兵。

那么，刘濞为什么这样猖狂？

因为既掌握了地方财政，又勾结了民间资本。吴国境内是有铜山和大海的。刘濞便开山采铜，煮海为盐，结果富甲天下。于是他的王国全民免税，服兵役则有补贴。在别处作案的逃犯，也都被他包养起来。他甚至以招降纳叛和藏污纳垢闻名天下，就像《水浒传》中的柴进。

刘濞招揽的人才，无疑包括当时的民营企业家，即所谓“铸钱奸人”（其实还应该包括盐商）。此外，则是“无赖子弟”和亡命徒。也就是说，刘濞是把割据势力、民间资本和非政府武装力量都拢在一起的。[8]

这当然都因为他有钱。长袖善舞，多财善贾，有钱能使鬼推磨。事实上，一个政权，不能没有印把子，也不能没有枪杆子和笔杆子。有笔杆子才有文治，有枪杆子才有武功。但没有钱袋子，一切都是空谈。

钱袋子捏在别人手上，也是空谈。

汉武帝，还必须在经济战线展开斗争。

## 要钱更要命

汉武帝的经济体制改革，在淮南王刘安自杀三年后全面展开，负责这项工作的是东郭咸阳、孔仅和桑弘羊。东郭咸阳是盐商，孔仅是铁商，桑弘羊则是商人的儿子。用他们三人搞经济改革，堪称“以商治商”。[9]

事实上，西汉的商业是繁荣的，产业也全面。司马迁开出的富豪榜中，涉及的行业就有冶金、盐业、物流、粮食、畜牧、高利贷、博彩、零售、化妆品、饮料、小五金、肉制品等等，不一而足。[10]

利润最高的，是铸钱、炼铁、煮盐。

因此，改革的第一步，就是将这三个产业国营化。其中，铸钱和炼铁完全由政府垄断。民间有胆敢私自铸钱的，死罪；有胆敢私自炼铁的，重刑。

真正的国有企业，从此开始。[11]

盐业则开放一半。煮盐由民间，卖盐由官方。生产成本由民众负担，生产工具由官府提供，产品也由官府收购专卖，算是公私合营加统购统销。

二十一年后，酒类也归官方专酿专卖。

这当然是与民争利，因此引起极大不满。直到很久以后，桑弘羊等人都遭到痛骂。苏东坡由于痛恨桑弘羊，甚至连司马迁也骂了。[12]

其实这项改革的意义并不完全在经济，更在政治。采铜、炼铁、煮盐，都需要大量人工，工地又或在深山或在滨海，政府根本就鞭长莫及，岂非失控?

何况盐可以换成钱，铁可以打造兵器，工人可以变成战士，货车可以改装成战车。如果铜钱还可以私铸，那些私营矿主谋起反来，岂非很方便?

金融垄断，盐铁专卖，并不只是简单地要钱。

真为了要钱的是算缗（读如民）。

缗，就是一千钱；算，就是二百文。算缗，就是征收资产税。具体地说，就是工商业者都要申报财产，政府则二缗抽一算，也就是征收百分之十的所得税。如果是小手工业者，则税率为百分之五。

此令一出，天下哗然，只有一个人响应。

这个人叫卜式。

卜式是个畜牧业主，老早就向帝国捐款，曾经申请捐出家产的一半。汉武帝奇怪，便派使者去问他。

使者问：你是想做官吗？

卜式说：不想。我是个放羊的，不会做官。

使者又问：你是有冤情要申诉吗？

卜式又说：没有。我人缘很好，没人冤枉我。

使者再问：那你到底为什么？

卜式又说：爱国呀！

使者回去报告给汉武帝，汉武帝又告诉公孙弘。

公孙弘却说，这不符合人之常情，请皇上不要理他。

汉武帝便不理睬卜式。

但是算缗法颁布后，富豪们纷纷隐瞒财产，卜式却一下子又拿出二十万。喜出望外的汉武帝，便把这位爱国商人树为道德楷模，要大家向他学习。

可惜榜样的力量未必无穷，还是没人申报财产。[13]

汉武帝无奈，只好在颁布缗钱令的两年后，又颁布告缗令。告缗，就是举报隐瞒财产。告缗令，则是对举报者的奖励条例，金额是被举报者财产或资产税的一半。

这一政策，据说是酷吏张汤的设计。[14]

大司农颜异之死，也在这一年。

告缗令颁布后，一场举报他人财产的人民战争就打响了，几乎所有中产以上家庭都被举报。中央政府则派出由酷吏组成的工作组奔赴各地，就地处理隐瞒财产案。

其结果，是社会财富被强迫清零，中产阶级集体破产，民众的储蓄和投资意识锐减。大家有了钱就赶紧花掉，生怕变成打狗的肉包子。至于国库，当然盆满罐满。

汉武帝和桑弘羊，却意犹未尽。

元封元年，汉帝国又出台了由桑弘羊设计的均输法和平准法。均输，就是政府平价收购各地土特产，然后运往他地高价卖出，赚取差价。平准，则是由政府掌握和控制全国物资，低价买进，高价卖出，利归朝廷。

显然，桑弘羊的手从制造业伸向了流通领域。或者说，他已经不满足于金融和盐铁的垄断，还要建立天底下最大的商业网络，而且由帝国政府独家经营。

汉武帝不但收税，还要经营权。

这下子，民间资本的所有出路，以及工商业者发家致富的所有门路，便都被堵死了。帝国政府成了最大的甚至唯一的银行家、企业家和批发商。

如此垄断和霸道，就连爱国商人卜式也看不下去。也就在这年，由于发生旱情，汉武帝让巫官求雨。卜式却说：用不着求。只要把桑弘羊扔进油锅，天就下雨了。[15]

天有没有下雨，不知道。卜式失宠，是事实。

桑弘羊的生前身后，则是骂声一片。骂得最凶的，是儒家。这非常怪异，因为桑弘羊打击的是商人。商人痛恨他不难理解，历来藐视商人的儒生骂什么呢？

何况经济问题从来就是儒家的短板，他们也只会扣道德帽子。而且骂来骂去，无非为富不仁，与民争利。

桑弘羊不屑一顾。

是啊，普天之下，莫非王土。矿山、海洋、森林、原野等等，原本就是天子的。开放给民间，是让利于民。收归国有，则天经地义。何况皇上并没有把经营权捏在自家手里，而是交给国家，怎么能说是自私？

均输和平准也一样。物流和销售由民营改为国营，政府就可以进行宏观调控。不法奸商再也不能囤积居奇，哄抬物价，怎么是为富不仁？更何况，通过国营商业增加财政收入，就不用加赋加税，怎么是与民争利？

桑弘羊底气很足。

其实，这里面未尝没有道德问题。比方说，只准国家赚钱，不准商家牟利，有道理吗？挑动群众互相举报，人人以邻为壑，很正义吗？政府说收税就收税，收不上来就动粗撒野，跟强盗有区别吗？

可惜，儒家根本就认识不到这些。

桑弘羊也理直气壮，因为他并没有以权谋私。他之所谋为国家利益，他之所护为中央集权，他之所求为富国强兵。你要说他不道德，先得否定这三项。

然而问题的关键正在这里。国家利益，一定高于个人利益吗？中央集权，一定必须维护吗？富国强兵，就一定要让工商业者和中产阶级破产吗？

但是桑弘羊不会回答这些问题，汉武帝也不会。在他们看来，这些根本就不是问题，成问题的是那些巨商大贾。他们富可敌国，贵拟王侯，号曰素封（没有爵位的王侯），已经构成对政权的严重威胁。国家的经济命脉，又岂能掌握在他们手里？增加中央财政，只是改革的目的之一。防止民间出现财阀和财团，才是根本所在。[16]

汉武帝要钱，更要命。

实际上，任何一个集权的社会，一个可能由集权发展为专制的社会，都不会允许民间资本形成规模，因为那会变成一种与绝对权力抗衡的力量。如果这些财团还涉嫌黑社会，那就不但要遏制，还必须斩尽杀绝了。

郭解之死，即因为此。

## 打掉地头蛇

郭解被杀，是在推恩令颁布那年。[17]

这年其实还有两件大事，一是设置朔方郡（约今内蒙古自治区伊克昭盟西北部及巴彦淖尔盟后套地区），二是移民三百万人于茂陵。这两件事跟推恩令一样，都出自主父偃的建议。干完这三票，主父偃被杀。[18]

至于郭解，则接到命令，要迁往茂陵。

茂陵在今陕西省兴平市，是汉武帝的陵墓，当时正在建设，同时还要建茂陵县。建县就要移民。只不过，这回迁过去的都是全国各地的大户人家。

主父偃的说法，叫“天下豪杰”。

豪杰就是豪强，也就是土豪劣绅地头蛇，包括强宗巨族和暴发户。据说，这些人招降纳叛，姑息养奸，与黑恶势力结为死党，成为横行乡里的恶霸集团，甚至左右地方政治，危害性不亚于割据一方的诸侯王。[19]

至少在帝国统治者的眼里，是这样。

这就要打击。对付诸侯的办法是釜底抽薪，分拆他们的封国。对付豪强的办法则是连根拔起，让他们到茂陵去。豪强们离开本土来到皇帝眼皮底下，根本成不了气候。诸侯失去豪强的支持，更只能是没毛的鸡。

很好！一举两得，左右开弓。

三百万人就这样背井离乡。按说，他们本应是并兼之家（大财阀），或乱众之民（黑社会），实际操作的标准却是家产三百万。也就是说，只要你富甲一方，不管是勤劳致富还是贪污盗窃，统统都是打击对象。

对！良莠不分，一刀切！

问题是即便按照这个标准，也没郭解什么事。他并不是富商，也不是豪强，司马迁则称他为游侠。侠，是因为扶危济困；游，则证明并无职业。只不过，郭解虽无一官半职，却有很多人甘愿为他奔走，还争先恐后。

郭解的工作，似乎就是行侠仗义，或者开了一家没注册的公关公司。他甚至曾经从轵县（轵读如只，在今河南省济源市）到洛阳去调解是非。他的能量也大，只要打声招呼，就可以让县里免去某人的差役。

这样的人，大约只能叫江湖老大。

那时朝野的界限并不分明，战国遗风也还在。不少名臣权贵，比如张良、季布、窦婴、袁盎、周亚夫，都或者自己侠义，或者结交侠士。总之，游侠不会因为身在草莽就不为人知，郭解的迁徙则连车骑将军卫青都被惊动了。

卫青说：郭解没那么多钱，不该在名单中。

汉武帝却一声冷笑：一介平民的权威之大，居然能让将军来替他说情。这样看，他们家不穷！

这就不但该走，而且该死了。

没错，汉武帝固然不喜欢他的臣民太有钱，却更不喜欢他们有影响。率土之滨，莫非王臣。有号召力的只能是皇上和帝国政府，岂能是平民或者游侠？

事实上轵县官吏把郭解列入迁徙名单，就因为他名气太大，不敢不上报朝廷。看来，县里的办事员虽不过蕞尔小吏，对圣意倒是心领神会。

郭解也只好走人。

然而他的好名声和好人缘，却再次帮了倒忙。郭解动身时，前来送行的不计其数，赠送的路费竟多达千万。关中的贤达豪杰，也都在他入关后抢着前来结交。

这个风头实在出得太大，足以让高层震怒。郭解的小兄弟们，也为他惹是生非。他们先是查出将郭解列入迁徙名单的县吏，把他杀了。然后，又杀了他爹。这家人进京告御状，郭解的人又把上访者杀死在宫廷门前。

如此肆无忌惮，岂非挑战帝国的权威？何况一连三起谋杀，政府也不能置若罔闻。于是武帝下令通缉，郭解也被捉拿归案，准备老账新账一起算。

郭解有老账吗？

有。他铸过钱，盗过墓，杀过人。可惜查来查去，都在大赦之前，只能一笔勾销。

可是郭解的马仔，却又惹事了。

没有证据显示，郭解组织了黑社会性质的团伙。但仰慕他的人，却不少是流氓地痞小混混。他们往往自作主张为郭解办事或报仇，这回也一样。有个儒生，因为背后对郭解出言不逊，竟然被人杀死，还被割了舌头。

这事当然不是郭解干的，案发后凶手也不知去向，因此法官判郭解无罪。然而新儒家公孙弘却发表意见说：郭解不知情，比亲自去杀人罪还大。

这话看起来是混账逻辑，其实未尝没有道理。因为此案意味着郭解的声望和权势已经大得吓人，什么事情都不必他亲自出马，甚至不必让他知道了。

那么，普天之下谁能有如此权威？

皇帝。

请问皇帝能有两个吗？

不能。

结果，郭解被满门抄斩，罪名是大逆无道。

其实郭解何曾大逆不道！他反对过皇帝吗？没有。反对过政府吗？也没有。发动过武装叛乱吗？更没有。他千错万错，是不该成为地头蛇。金蛇狂舞，奈真龙何？

郭解只有死路一条。

其实郭解应该想得到这一天，他的父亲就是作为游侠而被杀的，时间是在汉文帝朝。汉景帝也不手软，只要听说某个地方出了豪侠，便会派人将其剿灭。比如济南的瞷氏家族（瞷读如闲），就亡于酷吏郅都之手。

很难说这些人是不是黑恶势力。也许吧，也许。但这根本就无所谓。帝国在意的不是他们恶不恶，而是强不强。任何力量只要形成规模，不管是白是黑，是善是恶，都不能允许存在。功高尚且不能盖主，况草民乎？

这就是帝国的逻辑。

其实豪强和游侠的存在，早就让帝国感到不安。想当年，周亚夫平定七国之乱，最担心的就是游侠剧孟。将剧孟收归帐下后，则高兴得有如收降了一个敌国。[20]

一个游侠就等于一个国家，这还了得！

不是乱党，也是乱党。

实际上，法家早就提醒统治者要防范两种人，一是文士，二是武侠。在汉武帝的黑名单上，则还有巨商和豪强。巨商和豪强会动摇基础，文士和武侠则会扰乱人心。儒以文乱法，侠以武犯禁，他们都是不安定因素。

对付的办法则不一样。对巨商，是断其财路，或只准小本经营；对豪强，是断其根基，让他们自生自灭；对文士，是另给出路，让他们追逐功名；对武侠，则是血腥镇压，绝不手软。至于他们是不是黑社会，并不重要。

重要的，是自己坐稳江山。

这就是汉武帝拳打脚踢频频出手的原因。

现在，诸侯王被削弱了，民间资本被遏制了，地方豪强和游侠乱党被打击了，汉武帝可以休息了吗？

不，他还要向政府夺权。

## 一国两府

汉帝国的政府首脑，是三公。[21]

三公，就是丞相、太尉、御史大夫。丞相是最高行政长官，太尉是最高军事长官，御史大夫是最高监察官和执法官。邦国时代，天子之宰为公，诸侯之宰为相，秦汉帝国则将丞相、太尉、御史大夫合称宰相。

宰相即三公，所以又叫相公。

三公之下是九卿，也就是政府部长。张汤担任过的廷尉，颜异担任过的大司农，都是。九卿未必只有九个，也可能九卿为正卿，之外还有列卿。[22]

九卿和三公都有自己的施政机构。三公的叫府，也叫公府或相府。九卿的叫寺，也叫卿寺。皇帝的则叫宫，也叫皇宫。皇宫、相府、卿寺，各行其政。

事实上，皇帝、三公、九卿，有分工。皇帝是国家元首，宰相是政府首脑，九卿则是中央各机关部门长官。九卿的权力和地位与三公无法相比。三公坐而论道，九卿作而行之。三公是决策者，九卿是执行人。[23]

其实就连皇帝，也没法跟宰相比。汉初，帝国的政务都由宰相负责。他们平时独立办公，如有大事则三公会议（一起讨论），再拿出方案交皇帝批准。皇帝五日一朝，只能说可说否，无异于橡皮图章。

可见，皇帝不是政府，宰相才是。皇帝的功能，跟西方的国会和现在的人大差不多。

职权不同，机关单位、工作班子和经费来源，也不相同。皇帝的是宫廷，政府的是朝廷；皇宫的职能部门叫尚，政府的叫曹；宫廷的经费来自工商税收，朝廷的来自田赋收入。田赋是大头，用作政府公款。工商税收是小宗，算是皇帝私房。宫中府中，泾渭分明。

这就是不折不扣的分庭抗礼了。而且，也意味着帝国有两个政治中心（宫廷和朝廷），两个权力中心（皇宫和相府），两种最高权力（皇权和相权）。这时最好的方案，莫过于君主立宪，虚君共和，皇帝世袭，宰相民选。退而求其次，则皇帝象征主权和统一，宰相管理国家并负政治上一切实际之责任，即主权在君，治权在相。

前一种选择是不可能的。后一种虽有可能，却未能形成制度。无论刘邦还是萧何，吕后还是曹参，都没能把这种关系规定下来。汉初无为，君臣倒是相安无事。武帝雄才大略，好大喜功，就必须向政府夺权。

夺权的主要对象，是丞相。

丞相在三公当中地位最高，不但金印紫绶，而且例为列侯，所以丞相又称君侯。丞相的权力也大，可以驳回皇帝的决定。比如西汉末年的丞相王嘉，就曾封还哀帝加封董贤的诏书，拒不执行，哀帝也无可奈何。

武帝本人，更是领教过丞相的跋扈。比如田蚡（读如焚）任丞相时，几乎大权独揽。帝国的大小官员，统统由他提拔任命，以至于汉武帝忍无可忍地说：你老人家封官封够了没有？朕也想任命几个！[24]

这种状况，当然得改变。

汉武帝的第一步，是用御史大夫来抗衡。

御史大夫银印青绶，同时也是副丞相，但不是丞相的副手和僚属，而是备位丞相。也就是说，丞相职位如果空缺，就例由御史大夫递补，故又称亚相。

这就有点意思了。何况太尉一职早在武帝继位后第二年就被废除。宰相三府只剩下二府，不妨相互制衡。

汉武帝起用的打手，是公孙弘和张汤。

这一招很灵。公孙弘任御史大夫时，丞相是薛泽。张汤任御史大夫时，公孙弘已经去世，丞相先后是李蔡和庄青翟。结果，薛泽、李蔡、庄青翟都成了摆设。大政方针，全由张汤和汉武帝一手拍板，没别人什么事。[25]

公孙弘和张汤能够架空丞相，固然因为他们两人一个阴险一个蛮横，但与担任的职务也不无关系。御史大夫的主要职权是掌管文书和监察百官，实为朝廷的秘书长和监察长。如果存心想做事，那是很有事情可做的。

更重要的，是他的副手。

御史大夫的副手有两个，一个叫御史丞，一个叫御史中丞。虽不过一字之差，却有天壤之别。汉制，官衔前面有“中”字的，都在皇宫里办公，御史中丞也一样。

实际上，御史中丞就是御史府驻宫办事处主任。这样的副手，丞相是没有的。皇帝有什么想法，也是先告诉御史中丞，由御史中丞转告御史大夫，再由御史大夫转告丞相。御史大夫揣摩圣意，要比丞相容易得多。

公孙弘和张汤得逞，这是原因之一。

不过御史大夫毕竟是政府的人。汉武帝要夺权，还得用宫廷的人。宫廷的人就是宫廷官，也叫中朝官。其中最重要的，是尚书。尚书就是皇帝的政治秘书。如果让尚书来处理政务，皇帝就有了自己的班子。

然而尚书的地位实在太低，必须派个大领导。

这个大领导，就是大司马。

大司马是在全面推行经济体制改革那年（元狩四年）设置的，其实就是被废除的太尉，但不再作为宰相，也非正式官职，而是加在将军官衔之上的名誉称号，比如大司马大将军，大司马骠骑将军，大司马左将军。

大司马的任务，是“领尚书事”（西汉），或“录尚书事”（东汉），也就是领导、统率、管辖、主持尚书的工作。表面上看，不过秘书长，还是兼职。但，大司马的政治待遇是位比三公的。这样的秘书处，简单吗？

当然不简单。

事实上大司马统领的尚书事，也逐步由秘书机构变成了决策机构。但凡事关军国的大政方针，都先由尚书参谋议论提出意见，形成决议才由宫廷送往朝廷。

显然，这是另一个政府，只不过这政府是设在皇宫里的。因为首任大司马卫青和霍去病都是外戚，是后妃的娘家人。他们要策划军事也只能在宫中与皇帝密谈。久而久之，大司马官署宫中就成了惯例。

这样一来，帝国就有了两个政府。一个叫中朝（也叫内朝），在宫中；另一个叫外朝，在府中。外朝之首为丞相，中朝之魁为大司马。两套班子，共理朝政。

没错，一国两府。

其实就连这个说法也是不准确的。大司马位高权重，亲近皇帝，尚书们在宫中轮班值宿，随时听候召见，面呈奏章，亲聆圣旨，信息远较宫外朝臣灵通。丞相为首的外朝根本无法与之抗衡，只有诺诺承命办事而已。

从此，丞相更成了摆设。后来，就连这职衔也被取消，改成了别的。是不是真宰相，则全看是否领尚书事或录尚书事。到东汉，更建立尚书台（又叫台阁或台省）。一国两府公开化，变成公府（三公府）和台阁（尚书台）。

这都是汉武帝开的坏头。

汉武帝却十分满意。他终于完成了集权大业：始集地方之权于中央，再集中央之权于皇帝。大权在握，他可以为所欲为，或者说大展宏图。至于留下的无穷后患，则只能以后再说。

第四章

# 官治天下

同情弱者，是好人；除暴安良，是好官；
恶人自己做，施恩的事留给皇上，是忠臣。
然而这个好人、清官、忠臣，
同时也是冤案的制造者和恶法的炮制者。

## 职业官僚

酷吏张汤是自杀的。[1]

元鼎二年，也就是张汤担任御史大夫的第六年，办案甚多的他自己也被别人举报，罪名是官商勾结，以权谋私，泄露国家机密，破坏经济改革。因此，丞相庄青翟抓捕了张汤的亲信，供词也被送达御前。

汉武帝问：朕每次打算有所动作，商人们都会事先得到消息，囤积货物。难道有人通风报信吗？

张汤答：应该是。

汉武帝认为他不老实，便派赵禹去审问。

赵禹是张汤的老同事。武帝朝那些苛严的律条，就是他和张汤一起制定的。武帝让赵禹审理此案，应该说既想查明真相，也有保全之心。

张汤却仍不认罪。

赵禹便说：老兄怎么不守本分？扪心自问，被你弄得家破人亡的何止万千？现在人家告你，言之凿凿，只不过皇上不忍法办而已，你又何必硬要辩解？

于是张汤自杀。

张汤死后，家产少得可怜，都是俸禄所得和皇帝所赐，并无来历不明的巨额财产。他的兄弟和儿子想厚葬，他的母亲却反对。张汤母亲说：我儿身为天子之臣，竟被小人诬陷而死，何必厚葬，又岂能厚葬？

最后，一辆牛车一口薄棺，埋葬了张汤。

武帝得知，感慨万千。他说：不是这样的母亲，生不出那样的儿子。于是下令严查此案。结果，举报张汤的人被判死刑，丞相庄青翟下狱自杀。

张汤一案的背后，无疑是官场的残酷斗争，且案情复杂，扑朔迷离。不过，张汤并未以权谋私，应是事实。他在任职期间并无渎职行为，更是事实。

克己奉公，忠于职守，张汤是清官。

但，张汤也是酷吏，他的刀笔之下冤案不少。大司农颜异，就是被他妄加罪名害死的。汲黯也指出，张汤办案唯上不唯法，皇上讨厌的就设法诋毁，皇上喜欢的就曲意回护。请问，这能算是好法官吗？[2]

恐怕不能。

问题是张汤还有另一面：豪强的案子自己受理，从重从严从快。平民百姓犯案，则向皇帝口头汇报，那些人也往往被赦免。可见张汤在审理案件和汇报案情时，是不畏强暴的，也是向弱势群体倾斜的。

同情弱者，是好人；除暴安良，是好官；恶人自己做，施恩的事留给皇上，是忠臣。然而这个好人、清官、忠臣，同时也是冤案的制造者和恶法的炮制者。

张汤，该怎么评价？

职业官僚。

秦汉帝国的职业官僚，叫文吏。吏是办事员，官才是管理者，就像僚是僚属，官是长官。不过，正如官与僚常常连用或通用，官与吏也往往不分。比如吏禄和吏治，便既包括吏，也包括官。封疆大吏，就更是大官。[3]

但，文吏却不等于文官。

严格意义上的文官，不但应该是读书人，而且要有政治理想或政治抱负，至少要有政治主张。他们从政的目的，是“致君尧舜上”；执政的任务，是“再使风俗淳”。[4]也就是说，他们是政治家，或政治工作者。

文吏却是技术官僚。他们看重的是专业技术能力，包括财会、法律、公文写作。比如汉武帝重用的桑弘羊，就是经济专家；张汤、赵禹、杜周，则是法律专家。他们也多半受过专门训练，甚至有着基层工作的经验。

武帝时代的文吏，就是这样一些人。宁成、赵禹、张汤、尹齐、杨仆、减宣、杜周，都做过小吏或刀笔吏，王温舒还做过亭长。他们平步青云，则因为能干。或者地方官“以为能”，或者汉武帝“以为能”。

这就跟文官的选拔不一样。成为文官的标准，是饱读诗书，满腹经纶，博古通今，文采斐然。这当然只有儒生才能充任。因此，文官的产生始于独尊儒术；而真正成为主流，则要到隋唐实行科举制度以后。

选拔标准不同，价值观念也不同。

文官的价值观是孔子的：君子谋道不谋食。[5] 态度是孟子的：穷则独善其身，达则兼善天下。[6] 追求是子夏的：仕而优则学，学而优则仕。[7] 优，不是优秀，是优裕。也就是说，做官长袖善舞就治学，治学绰绰有余就做官。

因此，他们也可以不做官。

相反，文吏却必须踏入官场走上仕途。做官为吏，是他们的职业，他们的饭碗。换句话说，他们相当于律师和职业经理人，是靠为帝国打工谋生的。

那么，律师或经理的职业道德是什么？

为当事人服务。

文吏的当事人又是谁?

皇帝。

这就清楚了。据此，像张汤那样根据上意来决定判决的从宽从严，就不是缺德，反倒是恪守职业道德。

事实上，正是职业的要求，使文吏们也具有儒家主张的某些道德，比如忠。他们甚至就像训练有素的鹰犬，只要主子一声令下，就会迅速扑上前去，并不管那猎物是同朝官吏、功臣勋贵，还是皇亲国戚、公子王孙。

当然，皇帝要制造冤案，他们也干。

但这与文吏们的个人品质无关。汉代酷吏，贪赃枉法的有，克己奉公的更多。比如赵禹，家里没有食客，外面没有朋友，公卿宰相前来拜访也不答礼，就是要拒绝一切人情面子，全心全意为他的当事人服务。

景帝时的郅都，也如此。

郅都是号称“苍鹰”的。他没有任何人情来往，从不收受馈赠和贿赂，执法也以“不避贵戚”而著称。当时朝廷主张无为而治，只有郅都厉行严刑峻法。于是列侯宗室都对他侧目而视，窦太后更是找了个茬要杀他。

汉景帝说：郅都是忠臣。

窦太后说：难道被他害死的就不是忠臣?

汉景帝只好杀了郅都。

如此下场，应该在郅都的意料之中。他曾经说过：既然告别双亲出来做官，那就只能尽忠尽责，死于职守，哪里还顾得上老婆孩子？

请问，不道德吗？

然而这样的职业官僚，却是儒家痛恨的。

儒家痛恨文吏，并不奇怪。文吏的法家倾向、技术特征和职业习惯，都是儒家不喜欢的。儒家认为，忠于君主不等于唯命是从，王道应该大于王侯。所以，儒家出身的文官往往在朝堂据理力争，并不怕皇上的雷霆之怒。

这是儒家的可贵之处。

不过此类人物往往有一个毛病，那就是高谈阔论，不切实际。相反，文吏却是操作能力极强的。所以，文吏是行善还是作恶，全看遇到什么样的皇帝。遇到好皇帝，他们是帮手；遇到坏皇帝，他们是帮凶。

儒生务忠良，文吏趋理事。[8] 一个有理想，一个有能力；一个讲原则，一个办实事；帝国该选谁？

汉武帝的首选，是文吏。

# 再反封建

号称独尊儒术的汉武帝，更喜欢法家倾向的文吏，看似奇怪，却是事实。他重用的人，卫青、张汤、桑弘羊等等，都不是儒生。大儒董仲舒，则其实被边缘化。

例外的是公孙弘。

公孙弘非同一般。我们知道，武帝朝丞相十三个，罢官免职四人，获罪自杀二人，下狱处死三人。其余，则石庆胆小怕事，田蚡精神失常，车千秋唯唯诺诺。既平安无事又能有所作为的，几乎唯有公孙弘。

然而公孙弘这位儒生却恰恰是狱吏出身，所以他跟张汤情投意合，配合默契。张汤援引儒家经典解释判决，公孙弘则对张汤赞不绝口。其中奥秘，值得深思。

事情恐怕还得从头说起。

先说秦。

大秦帝国是“吏治天下”的，这当然与他们靠法家思想立国有关。在法家看来，一个国家只需要两种人：农民和战士。农民为君主种田，战士为君主打仗，如此便足以富国强兵。其他人，都是多余。

那么，谁来管理农民和战士呢？

文吏。从朝廷大吏，到郡县长吏，再到乡里小吏，都如此。事实上，一个只有农民和战士的国家，是不需要思想文化的。那些种田的“工蜂”，打仗的“兵蚁”，也不需要懂得太多，守纪律听命令就行。

故，秦人“以法为教，以吏为师”。

刘邦创立的新政权则是另一番景象。高、惠、文、景四朝，一般事务仍沿秦例交由文吏处理。占据要津的则不是功臣勋贵，便是他们的后代，比如曹参之子曹窋，周勃之子周亚夫。周亚夫还既当过太尉，也做过丞相。

也就是说，政由勋贵，事归文吏。

这并不奇怪。毕竟，勋贵们是刘邦的战友。刘邦及其继承人既需要他们的政治经验、崇高威望、影响力和号召力，也需要用封侯拜相的方式酬谢他们的功劳。这跟当年的分封诸侯建立王国，如出一辙。

同样，这两件事也都是封建残余。[9]

因此，秦始皇未竟之事业，还得由汉武帝来继承。当然，彻底铲除封建残余，要到隋唐以后。但，贵族政治转变为官僚政治，却势在必行。

贵族政治，怎么就要不得?

因为贵族政治与封建制度是共生并存的。在封建制度下，国是诸侯的，家是大夫的。如果国破家亡，首当其冲的受害者就是诸侯和大夫。所以在封建前期，诸侯无不治国，大夫无不齐家，这就叫“首长负责制”。

何况封建前期的家和国，都不大。一国则一城，一家则一邑。诸侯和大夫，国君和家君，完全可以直接面对国民和家人，这就叫“直接君主制”。

当然，即便是直接君主，也要有人协助。这些助理、帮办或官员，天子的是公卿，诸侯的是大夫，大夫的是家臣。后者在理论上都是前者的兄弟子侄，实际上是族人们一起齐家、治国、平天下，这就叫“家族共治制”。

首长负责，直接君主，家族共治，这样的政治当然是贵族的，也只能是贵族的。

很难说这种政治好还是不好，但肯定不适用于帝国时代。帝国不是小国寡民的城市国家，而是幅员辽阔的领土国家。直接君主并不可能，首长负责更不可能。帝国的统治，只能是皇帝授权，政府负责。

那么，由贵族组成政府，不行吗？

不行。因为凡贵族，都有特权。其中最重要的，是人事权。封建时代，天子不能任命国卿，诸侯不能任命家臣。这些职位甚至是世袭的，叫世卿、世职。结果，天子管不了诸侯的国，诸侯管不了大夫的家。

这当然为帝国所不能接受。

更重要的是，封建时代的君臣关系是逐级效忠的。家臣只效忠大夫，不效忠诸侯；大夫只效忠诸侯，不效忠天子。大夫一齐造反，则举国皆反；诸侯一齐造反，则天下皆乱。中央集权的帝国，岂能认可这套逻辑？

家族共治也不行。共治，就不能独裁，而帝国是一定要走向独裁的，只不过需要时间。

事实上，正如汉初的制度是封国与郡县并存的半封建制，两汉政治也是半贵族政治——先是功臣集团，后是外戚集团，与皇帝共掌朝政，共治天下。这种状态，也要到隋唐以后才发生根本改变。

这样看，公孙弘和张汤的意义，就很不寻常。

公孙弘和张汤都是平民出身，也都是文吏出身。是平民就“非贵族”，是文吏就“专业化”。专业化和平民化的倾向，都是反封建。不难设想，如果满朝都是张汤、公孙弘，贵族政治就必定会转变为官僚政治。

毫无疑问，这是大势所趋。但这个转变由汉帝国来完成，却未尝没有机缘巧合。作为平民建立的王朝，西汉开创了一个“布衣将相之局”，不但“其君既起自布衣，其臣亦自多亡命无赖之徒”，[10]而且其后也往往出身卑贱。景帝王皇后是再嫁女，武帝卫皇后卫子夫、成帝赵皇后赵飞燕则是歌妓，照样母仪天下，也没人说三道四。

文吏为官更不足为奇。大秦传统仍在，萧何、曹参也都是文吏出身。何况文吏受过专业训练。事归文吏，便保证了国家机器的正常运行，可谓“专家治国”。

这，就是公孙弘和张汤平步青云的背景。

然而公孙弘和张汤又是不同的。他们代表着两种思想：儒家和法家；两种官僚：文官和文吏；两种仕途：文学和吏道；甚至两种政治：官治和吏治。

只不过，要弄清楚这些，并回答前面的问题，还必须先讲清楚官僚制度。

## 中央与地方

官僚制度的第一要素，是机构。

机构分为中央和地方。

中央的是政府机构，地方的是政权机构。

具有政治意义的“中央”一词，最早见于《韩非子》，原文为“事在四方，要在中央”。[11] 这说明战国末年集权制已成定局，中央与地方的关系也提到了议事日程。

但，中央的真正建立却要到秦汉。

秦汉帝国的中央，结构和层次非常清楚。机构，是皇宫、相府、卿寺；首长，则是皇帝、三公、九卿。皇帝在汉代也被叫做县官，宋代则叫官家。这就是说，皇帝不但是天子，是君主，也是最大的官僚。

帝国的政治，岂非官治天下？

中央首长的分工也很明确。皇帝是国家元首，宰相是政府首脑，九卿是政府部长。宰相三公，丞相管行政，太尉管军事，御史大夫管监察，三权分列。至于九卿和九寺，则官职与官署同名，其职责是：

太常，负责宗庙礼仪和皇家祭祀；

光禄勋，负责宫殿大门和宫中宿卫；

卫尉，负责宫城屯兵；

太仆，负责皇宫车马和皇帝出行；

廷尉，负责刑律；

大鸿胪，负责蛮邦事务；

宗正，负责皇亲国戚；

大司农，负责国家经济；

少府，负责工商税务（用作皇帝私房钱），以及皇帝的饮食起居、医疗保健、文化娱乐；

中尉，负责京城保卫。

显然，这里面只有大司农（财政部长）、大鸿胪（外交部长）、廷尉（公安部长）和中尉（首都卫戍司令），可以算是中央政府官员。其余，则都是皇帝的家臣：郎中令是门房和侍卫队长，卫尉是近卫军司令，太仆是马车夫，太常、宗正和少府则是皇帝的大管家。

这实在不太像政府。

然而皇帝的家臣，却又同时管国务。比如担任顾问的博士，便隶属于太常；负责议论的大夫，便隶属于郎中令；作为秘书的尚书，则隶属于少府。

家国一体，公私不分，皇家事务和国家政务混为一谈，这些都是典型的封建特色——家天下。

其实就连宰相，也一样。邦国时代，天子、诸侯、大夫的家臣，在内打理家务叫宰，出门担任副官叫相。宰相这个词，也是封建残余。[12]

封建残余的彻底铲除，要到隋唐。那时，三省六部制取代了三公九卿制，帝国中央才像模像样地有了政府。秦汉两代的组织变革，则主要不在中央，而在地方。

秦和西汉的地方政权都是两级：郡和县。县属郡，郡属中央。中央是最高权力机关，郡县是下属机构，其长官则由中央任命，所以叫“中央集权的郡县制”。

郡县制的根基在县。

汉代县的长官不叫县官（县官是皇帝），叫县令或县长（大县叫令，小县叫长）。县令或县长的佐属，是县丞和县尉。县丞管文书、谷仓和监狱，相当于副县长（丞即副职）。县尉管治安，捕盗贼，相当于公安局长。

但，县令和县长是官，县丞和县尉是吏，他们的品秩（读如志，俸禄）也不一样：县令六百石到千石（读如但），县长三百石到五百石。县丞和县尉二百石到四百石，叫长吏（长读如掌）。级别更低的叫少吏（少读如绍），秩百石。

县的上级则是郡。

秦和汉初，郡的主官有三个：郡守（汉景帝时改名为太守）、郡尉（汉景帝时改名为都尉）、郡监（汉武帝时被取消）。郡守管行政，郡尉管军事，郡监管监察，正好对应着中央政府的丞相、太尉、御史大夫。

官名如此，官署亦然。汉代郡的官署称府（郡府），也称朝（郡朝）。县的官署则称廷（县廷），也称寺（县寺）。郡曰朝，县曰廷，合起来就是朝廷。郡曰府，县曰寺，岂非对应着中央的相府和卿寺？

也许，这正好说明郡县是中央的分支，也说明秦汉两代重视地方。汉宣帝就说，要保证地方上“政平讼理”，只能靠好的郡守。[13] 实际上郡官的地位不低。比如品秩，九卿“中二千石”（月谷一百八十斛），郡守“二千石”（月谷一百二十斛），郡尉“比二千石”（月谷一百斛），而且郡守和郡尉都是银印青绶，跟九卿和御史大夫一样。

因此，郡尉升为郡守，郡守转为九卿，都不困难。直接升为御史大夫的也有，比如上党郡守任敖，淮阳郡守申屠嘉（申屠嘉后来还做了丞相）。同样，九卿转任郡守也不算降职，中央与地方的关系并不隔膜。

更重要的是，中央、郡、县，只有三级。层级少，管理就方便。下情不难上达，政令亦很通畅，可谓效率高而成本低。如果将郡数控制在八十以内，每郡下辖十到二十个县，对于中央集权的大国应该说是最合理的安排。

然而东汉以后，中央与地方的关系不再简捷，层级也越来越多。东汉，郡之上有州；唐宋，州（府）之上有道或路；元代，路之上有行省；明清，省之上有督、抚。

当然，明清的总督和巡抚，从理论上讲都是中央派驻地方之专员，也都兼有中央政府的官职和官衔，严格地说不算地方官。布政使和按察使，才是省长。唐的道，宋的路，元代的行省，刚开始也不是行政区。但，县的上级机关和上级领导越来越多，却是不争的事实。

这就与汉武帝有关。因为最早成为郡县之上行政区域的州，便正是汉武帝的发明。

那就从州说起。

# 牧民与牧官

作为地方行政长官的州官，汉代叫州牧。

牧，是很早就有的官名。尧舜时代有十二牧，其实是大部落的酋长，兼任部落联盟的职务。十二牧之上，还有四岳，其实是小联盟的盟主。后来，牧，慢慢成为治民之官的称谓，叫牧夫、牧令、牧守、牧伯。

管理人民，就像放牧一样吗?

是。被汉武帝树为道德楷模的爱国商人卜式，就是这么认为的。当时卜式捐款甚多，却不肯做官。于是汉武帝便说，你到朕的上林苑去放羊吧!

结果，上林苑的羊被卜式养得肥肥大大。

汉武帝大为赞赏。

卜式却说，管理老百姓，也跟放羊一样啦!

汉武帝听他这么说，便让他做了县令。没想到，卜式先后担任县令的两个县，一派祥和太平。[14]

县令也好，郡守也罢，岂非牧？

实际上，地方官就是帝国的牧羊人，他们的辖区也就是牧区。好一点的牧羊人如卜式，基本上无为而治顺其自然；凶一点如宁成，便被批评为“如狼牧羊”。[15]

这样看，州官叫州牧，并不奇怪。

不过，汉武帝设州之时，派出的官员不叫州牧，叫刺史。刺史的任务也不是牧民，而是牧官。他们要管的，是郡守和郡尉，县令和县长。

汉武帝，为什么要这样做？

因为帝国实在太大。据统计，秦郡三十六，汉郡一百多，县则有一千三百个左右，“吏员自佐史至丞相十二万二百八十五人”。[16] 如此庞大的队伍，皇帝一人根本就管不过来，只好让一部分官员去管另一部分官员。

于是，有牧民之官，也有牧官之官。

牧官之官也有两种。一种是上级官员，一种是监察官员。其实上级管下级，原本就有监察的职责。问题是上级官员包括丞相，也需要被监察。结果，相对独立、直接向皇帝负责的监察官员，便应运而生。

这样的官员，就叫御史。

御史也是很早就有的，但到汉代才成为监察官员。此后，中华帝国的监察官员，在中央的都叫御史。其长官和次官，明清以前叫御史大夫和御史中丞，明清以后叫都御史和副都御史。派往地方的，秦和汉初叫监御史，武帝以后叫刺史，唐代叫观察使，宋代叫监司。

监察官员的地位很崇高，他们的法冠叫獬豸。獬豸（读如谢志）是一种神兽，见了不法分子就会用角去顶。因此但凡重大弹劾案，御史都要头戴獬豸冠，身穿内白外红的法袍，当着皇帝和百官的面在朝堂上宣读起诉书。被弹劾的官员则必须立即站出来等待处分，无一例外。

御史的身份和职权也很特殊。

首先权限大。上至宰辅，下至郡县，包括其他监察官员和自己的顶头上司，都可以弹劾。御史大夫张汤，便差点栽在副手御史中丞李文的手上。

其次责任轻。只要听到风吹草动，甚至流言蜚语，就可以举报，不必负核实的责任，也不受反坐的处分，叫“风闻奏事”，也叫“风闻弹事”。

第三独立性强。御史弹劾官员，不必通知照会有关部门，也不必经长官批准。因为监察机关是直属天子的独立部门，监察官员也只对皇帝负责。因此，不但不受其他官员和部门制约，反倒有权监督一切部门和官员。

这三条，从秦汉到明清，一贯到底。帝国中央的监察部门也一直存在，只不过西汉叫御史府，东汉到元叫御史台，明清叫都察院。

但，仅有中央监察部门，是远远不够的。因此，还必须往地方派遣巡视员，这就是刺史。只不过，汉武帝在派遣刺史的同时，还设置了监察区。

监察区共十三个，十二个在地方，即冀州、并州、幽州、兖州、徐州、青州、扬州、荆州、豫州、益州、凉州。京师所在的三辅（京兆尹、左冯翊、右扶风）、三河（河内郡、河东郡、河南郡），则与弘农郡合为司隶部。一部加十二州，合起来叫十三州部。

这是汉武帝元封五年（公元前106年）的事。

司隶部的监察官员叫司隶校尉，秩比二千石，犀印青绶。他不但负责监察本部地方官员，也负责监察朝廷，因此地位崇高。东汉时期，司隶校尉出席中央会议时，与御史中丞、尚书令一起专席而坐，号称“三独坐”。

派往十二州的刺史秩六百石，监察对象是二千石到六百石的官吏。监察事项则有六种，叫“六条问事”，超过范围就不能过问，也不能问小吏。

也就是说，刺史治官不治民，查大不查小，问事不干政，巡视不长驻。他们在州里也没有治所，每年八月出京，岁末回朝。刺史的主要佐属则叫别驾，意思是另外驾一辆车，跟着刺史到处巡视。

由此可见，刺史不是地方官，而是中央特派监察巡视员。州也不是行政区，而是监察区。可惜后来刺史的权力越来越大，管事越来越多，也有了固定的治所。牧官之官同时也牧民，州作为监察区便慢慢向行政区过渡。

西汉成帝绥和元年（公元前8年），刺史改为州牧，职掌与刺史相同，官阶却高得多，秩二千石，位次九卿。以后反反复复，一会儿叫州牧，一会儿叫刺史。到东汉末年，汉灵帝再改刺史为州牧，并赋予军政大权。汉帝国的地方建制，就由郡、县两级，变成了州、郡、县三级。

以后的唐、宋、元、明、清，也如此。一方面，帝国中央不断派出监察官员和监察机关（比如元代的行御史台）；另一方面，监察区和特派员，也不断变成行政区和地方官。比如清代的总督和巡抚，就例兼都察院右都御史（监察部部长）和右副都御史（监察部副部长）。这时，与汉武帝的设置州部和派遣刺史，已不可同日而语了。

## 仕途广阔

跟牧官同样重要的，是选官。[17]

汉代官吏的选拔和任命，途径有三：察举、征辟（读如避）、杂途。察举是选举的一种，选举即选择和举荐。这也是历朝历代最主要的仕途，号称正途。

中华帝国的选举制度也有三种：汉代察举，魏晋荐举，隋唐以后科举。三举之不同，在于科举通过考试，荐举通过考量，察举通过考察。考察而后选举，叫察举。

察举是帝国中央极其重视的一件事。元朔元年（公元前128年）十一月，汉武帝下诏称：十室之邑，必有忠信；三人并行，厥有我师。因此，郡守、九卿、礼官、博士，如果不向中央政府举荐人才，就算有罪。

有关部门则定出罪名：大不敬和不称职。[18]

从此，各地人才源源不断涌向中央。

察举也是有科目的，比如孝廉、贤良、秀才。孝廉就是孝子和廉吏，贤良有贤良方正和贤良文学，秀才则叫秀才异等，后来避光武帝刘秀的讳改称茂才。

顾名思义，孝廉重德，秀才重才，贤良则方正重德、文学重才。但总体上说，汉武帝的方针是德才兼备。

举孝廉和举秀才，有规定的时间、名额和制度，属于常科。举贤良则是根据皇帝的诏书，是特科。但不论常科特科，都由官员举荐，被举荐者甚至还要参加考试。这是一般吏民走上仕途的常规方式。

非常规的，是征辟。

征辟就是征和辟。征即皇帝征召，辟即官员辟用。三公、九卿、太守、刺史，都有权辟用吏员（属于官员副职的则必须由朝廷任命）。所以，辟的范围，远大于征。

不过，物以稀为贵，位以帝为尊。被皇帝征召，面子当然比被官员辟用大。面子最大的，朝廷还要派专车恭迎进京，沿途地方也要提供食宿。皇帝为了表示诚意，有时还要一请再请。后来刘备的三顾茅庐，就是遗风。

这就是选举和征辟的不同。选举是乡选里举，自下而上，循序渐进；征辟则是高层看中，自上而下，一步到位。所以后来那些自视甚高的名士，都热衷于征辟。

征辟靠名气，选举靠德才，这是大多数人向往的。如果名气和德才都不够，就只能靠杂途。

杂途的名目也很多，比如荫袭。荫就是荫子，袭就是袭爵。袭爵仅限于王侯，其他爵位不能世袭。荫子则是级别二千石以上的官员，只要任满三年，就可以推荐子弟一人为官，所以又叫任子。

显然，荫袭制度的受惠者是官二代。

惠及富二代的是赀补。赀读如资，意思也是资。汉制，身家不足十万不得为吏，不足五百万不得为官。这项规定的本意，是认为富人做官便不会贪污。但久而久之，却变成了有钱就可以做官，因此这个制度很是遭人诟病。

但更不像话的，是卖官鬻爵（鬻读如玉）。

鬻爵的始作俑者是秦始皇，时间在公元前243年，价钱是纳粟千石拜爵一级。卖官的创始人则是汉武帝，时间在公元前114年，规矩是交够一定数量的粮食或牲畜，平民补吏，吏员补官，官位可到秩六百石。

据说，这个主意是桑弘羊出的。[19]

选举、征辟、荫袭、赀补、卖官、鬻爵，帝国的仕途真是广阔，帝国的官员也形形色色、五花八门。这么多的官员该如何任用，便是无法回避的问题。

这里面同样大有文章。

实际上帝国的官员队伍弄得如此庞杂，有一多半是因为不得已。功臣要酬劳，故有袭爵；高官要笼络，故有荫子；遭遇天灾或开支太大，便只好赀补、卖官、鬻爵。

好在秦皇汉武都不是糊涂虫。他们很清楚，官吏的任用不是小事，马虎不得。同为官吏，不能同样安排。有的给面子，有的给实权。结果，便弄出繁多的名目来。

拜，正式任命，往往用于高官，以示尊荣。

除，除去旧官，任命新职。

真，正式任命（相对于守而言）。

守，试用，兼任，代理。

假，正式任命前代行职权。

平，参与某事。

领，兼管某事。

录，统管某事。

兼，兼任某官。兼与平、领、录的区别，在于前者是兼官（有官职官衔），后三者是兼事（无官职官衔）。

待诏，等待诏书下达再上任。

加官，在正式官衔之上再加头衔，比如大将军加官大司马。凡加官，都是中朝官，可以出入皇宫。

计，官员年终汇报工作，又叫上计。

课，考核官吏，据此决定奖惩，也叫考。

迁，升官。逐级提升叫稍迁，越级提升叫超迁。

左迁，降职，也叫左转、贬。

免，罢官，是行政处分中最重的，再重就得判刑。

沐，例假，五天一次，每次一天，又叫休沐。

告，请假（事假或病假），又叫告归。如果是予告，则为奖励休假；如果是赐告，则为皇帝批准延长病假期。

宁，丧假，也叫告宁，一般三年。

致仕，退休，又叫告老、归老。

不难看出，从选拔任命到使用管理，汉的官僚制度已相当精细，很可能是世界上前后出现的大小帝国中最复杂也最完备的。后代文官制度和干部制度的诸多要素，在这里几乎一应俱全，堪称百代官制之祖。

更难得的是，汉代还建立了储备官制度。正是这一制度，打通了官、吏两道，贯通了儒、法两家，保证了帝国的人才辈出和吏治之隆。

那就来看储备官。

## 条条大路通长安

汉代的储备官，是郎。

郎就是廊，郎官就是廊官，即侍卫。秦制，殿上不准携带兵器，侍卫都只能站在廊檐之下，所以叫廊中，也叫郎中。后来郎中成为郎官的一种，统称为郎。

郎官们的长官叫郎中令，汉武帝改名为光禄勋，银印青绶，中二千石。下属三署，司官为左中郎将、右中郎将和五官中郎将（曹丕担任过此职），比二千石。

三署所辖郎官叫三署郎，有议郎（比六百石）、中郎（比六百石）、侍郎（比四百石）、郎中（比三百石）。他们的任务，是宿卫宫殿，侍从左右，备皇帝顾问或差遣，说白了就是皇帝身边打杂的。所以，也无定员。

换句话说，郎官其实不是官。

但，郎官也不是吏。相反，吏要成为官，往往得先成为郎。汉制，郡县和王国的吏员年终考核优秀，便由地方调入京城，补为郎官，叫“计吏补郎”，也叫“上计吏补郎”。这是地方基层小吏咸鱼翻身的重要途径。

当然，吏员还有另外两条出路：察举和赀补。但察举和赀补者也往往先要为郎，司马相如就曾“以赀为郎”，也就是花钱买了一个郎官。任子也一样。所谓级别二千石以上官员可以推荐子弟一人为官，其实就是为郎。

这是有道理的。郎官虽不在政府任职，却比正式官员更接近皇帝。朝夕相处，天长日久，皇帝对他们多少会有了解，他们自己也能学到不少知识。结果，郎官有了进身之阶，帝国有了培训机构，岂非双赢？

郎署，是帝国的干训班。

事实上郎官的出路相当好。外放可为县令、县长、县丞、县尉，最低也是副县级；内任则可为尚书郎，成为皇帝的政治秘书，然后步步高升，出将入相。

于是，为官先为郎，便成为踏入仕途的捷径，也成为帝国的制度安排：入选为郎叫郎选，由郎补官叫郎补。汉代有不少名流和政要，都是郎选和郎补出身，比如权倾一时的大司马大将军霍光，孔子的十二世孙孔安国。

郎，岂非储备官？

储备是必需的，何况还有见习的意义。因此，除皇帝征召和举为贤良者外，其余以各种方式（察举、任子、赀补、上计）成为预备官员的，都要先进郎署。

条条大路通长安，郎署就是中转站。

毫无疑问，这是一种特殊的，也行之有效的人才培养和干部选拔制度，因此很快就跟独尊儒术的基本国策结合起来：太学生毕业考试成绩优异（甲等）的入宫为郎，叫补郎；成绩合格（乙等）的外放为吏，叫补吏。

补郎的当然前途光明，下一步就是郎补。补吏的也不必灰心丧气，因为还可以通过察举、上计等方式由吏补官，只不过先得在郎署干一段时间。至于由郡守县令选举的孝廉，更是一定要先做郎中的。

也就是说，青年知识分子的出路有两条：一是由太学生而郎而官，二是由太学生而吏而郎而官。后一条路虽然曲折，却意义重大。

意义在统筹官与吏、儒与法。

前面说过，大秦帝国是吏治天下的。在他们那里，官就是吏，吏就是官。或者说，都是事务官或技术官。在秦人看来，有这些财会和法律人才便足以治国。汉人却认为，一个庞大的帝国要想长治久安，光靠技术不行，还得讲政治。因此，要有事务官，更要有政务官。

政务官就是文官，事务官则是文吏。

文吏和文官，缺一不可。

事实上，汉帝国的选官从来就有两个途径，一个叫文学，一个叫吏道。吏道就是由吏而官，文学却不是诗词歌赋，而是经典文献。武帝之后，则专指儒家经典。也就是说，饱读诗书是文学；从基层做起，由于廉洁奉公又精明强干而得到提拔，是吏道。[20]

张汤走的是吏道，公孙弘靠的是文学。

这两条路线，在两汉是并行不悖的。武帝至东汉，都号称“三公辟召，四科取士”。四科是：

德行，看道德品质；

明经，看学术水平；

明法，看法律知识；

治剧，看执政能力。

第四条最有意思。当时帝国中央根据治理的难易，曾把郡县分为剧、平两种。平就是容易治理的，剧则是穷山恶水泼妇刁民。所以，治剧科，看的就是吏能。[21]

实际上无论哪一科，都要测试能力。确实胜任，才正式任命。否则，即便选举上来，中央也会退货。毕竟，治国是实实在在的事情，不能只靠口若悬河。[22]

汉武帝首选文吏，原因就在这里。

当然，最理想的还是德才兼备，文武双全，既懂政治又懂业务，这就是公孙弘吃得开的原因。

同样，太学生补吏，上计吏补郎，用心也在于此。基层吏员能被选举，能力不成问题，但需要学习政治，掌握全局，因此补郎。太学生学问不成问题，但实际操作能力有限，需要锻炼，因此补吏。

补吏的太学生无一例外都要回到原籍。因为汉代有条不成文的规矩：郡守县令一定是外地人，郡县吏员则一定是本地人。各地青年由郡县而太学，又由太学而郡县，再由郡县而郎署，无形中便把中央与地方联系起来。

文吏与文官的界限也在慢慢模糊。尽管直到东汉末年，法家酷吏与儒家之徒仍然是两个群体，官治天下也非一蹴而就，但汉制已明显地不同于秦制，天平也从吏治向官治倾斜。至少，帝国政府不再是刀笔吏的一统天下。武帝在重用文吏的同时，也打开窗户迎接八面来风。

这扇窗户，就是郎署。

想当年郎署之中一定十分热闹。任子的官二代，赀补的富二代，乡里的穷秀才，郡县的刀笔吏，摩肩接踵，熙熙攘攘，济济一堂。没错，汉武帝用人是不拘一格的，进入郎署的也不乏各种奇人怪才。

比如东方朔。

东方朔走的路子既非吏道也非文学，他是靠上书得官的。据说，他的奏章用了三千枚木简，有关部门派了两个壮汉才勉强抬动，汉武帝则用了两个月才看完。

于是，这位自称“年二十二，长九尺三寸，目若悬珠，齿若编贝”的奇才，被任命为郎。

有一次，汉武帝跟他闲聊。

汉武帝问：先生看朕是一个什么样的君主？

东方朔说：前无古人呀！陛下的功德，超过五帝，盖过三王。看看陛下的朝廷吧！丞相是周公，御史大夫是孔子，将军是姜太公，廷尉是皋陶，大司农是后稷，少府是伊尹，大鸿胪是子贡，博士官是颜回，郎中令是子路，郡守是子产，开路先锋是后羿，人才济济呀！

汉武帝哈哈大笑。[23]

东方朔这话当然是半开玩笑。但，汉武帝的是非功过却是无法回避的问题。

那么，我们又该如何评价呢？

第五章

# 是非功过

当霍去病的能力越来越彰显时，汉武帝对他的宠信就超过了卫青。
对此，卫青似乎很淡然。
也许在他看来，他的一切都是皇上给的，皇上也就是他的一切。
没有皇上，就没有他卫青。

## 外戚政治

后元二年（公元前87年）二月，汉武帝刘彻驾崩。临终前，他为继位的汉昭帝刘弗陵指定了四位辅政大臣，他们是：大司马大将军霍光、左将军上官桀、车骑将军金日磾（读如低）、御史大夫桑弘羊。[1]

这个班子，几乎是汉武帝一生的总结：霍光和上官桀代表政治，桑弘羊代表经济，金日磾代表外交。汉武帝的是非功过，不妨从他们说起。

先说霍光、上官桀。

霍光和上官桀都是外戚。只不过，上官桀的外戚身份是自己谋来的。当时，汉昭帝年方八岁，由他姐姐盖长公主抚养。长姐如母，公主开始为弟弟寻找皇后。上官桀觉得机不可失，便削尖脑袋活动起来。

他找到的说客，是丁外人。

丁外人是谁？长公主的情夫。汉代，公主包养情人并不少见。汉武帝的姑姑兼丈母娘馆陶公主，就养了个比自己小了三十多岁的情人董偃。汉武帝不但不责怪，还到他们家做客，把董偃叫做“主人翁”。[2]

汉昭帝和霍光也一样，公开承认长公主和丁外人的情人关系。上官桀也运作成功，他那六岁的孙女被册封为皇后，尽管一开始霍光并不赞成。

其实霍光跟上官桀是儿女亲家，上官桀的孙女同时也是霍光的外孙女。外孙女成为皇后，原本勉强能算外戚的霍光，更名正言顺地成为皇亲国戚。他起先不赞成这桩婚事，仅仅因为两个孩子年龄太小。[3]

那么，上官桀为什么心急火燎？

看看后来霍光如何废立皇帝就知道。

元平元年（公元前74年）二月，年仅二十二岁的汉昭帝驾崩。这时，金日磾早已病逝，上官桀和桑弘羊也在宫廷斗争中败亡。大权独揽的霍光便不顾群臣意见，立汉昭帝的侄儿昌邑王刘贺为天子。

然而昌邑王进京才二十七天，霍光就看他不顺眼，要废了他。而且，霍光只是事先征得大司农田延年和车骑将军张安世两人的同意，就把这事办了。

实际上昭帝继位之初，霍光就已领尚书事，位在丞相之下，权在丞相之上，因此很便当地就把丞相、九卿、将军、列侯、御史、博士叫到未央宫开会。霍光说：昌邑王行为昏乱，恐怕会危害社稷，诸位看怎么办？

众人大惊失色，目瞪口呆，支支吾吾。

田延年却离席上前手按剑柄说：诸位，这事没什么好商量的。先帝托孤于大将军，就因为大将军忠诚贤德，能安定天下。如今群下鼎沸，社稷将倾，大将军虽死，又有何脸面见先帝于九泉？请速速决定。有迟疑者，看剑！

群臣闻言，无不惶恐，便拜伏在地异口同声地说：万民之命系于大将军一身，我等唯大将军之命是从！

于是霍光请出皇太后（也就是他的外孙女），盛装坐于未央宫中。侍卫持刀，武士持戟，陈于殿下。文武百官依次上殿，然后叫来昌邑王，由尚书令宣读弹劾奏章。

这样的架势，当然同样没有商量。太后甚至没等尚书令读完奏章，便已震怒。由丞相杨敞领衔的弹劾请求也得到批准，霍光便命令昌邑王谢恩受诏。

昌邑王却还稀里糊涂。他引用《孝经》上的话为自己辩护说：天子有争臣七人，虽然无道也不失天下。

看来，这位昌邑王确实够呛，他的引经据典也不伦不类。《孝经》那句话的意思是：一个天子，如果有三公四辅鼎力辅佐，直言匡正，就无论如何也不会丢失天下。那么请问，他的身边有这样的争臣吗？

恐怕没有，多半只有小人。

霍光却懒得跟这废物啰嗦。他说：被太后废了的怎么还是天子？说完，上前抓住昌邑王的手，解下皇帝的印玺绶带交给太后。霍光还说：大王自绝于天，臣等却不敢辜负社稷。请大王好自为之，臣等恕不奉陪了。

短命皇帝刘贺就这样失去了帝位，他的随从二百多人则统统被就地正法。临刑前，这些人哭着喊着说，悔不该没早早杀了霍光。当断不断，反受其乱呀！

昌邑王被废之后，故太子刘据之孙刘病已被立为天子，是为汉宣帝。宣帝继位时已十八岁，却不敢亲政，大事小事都取决于霍光，尽管霍光是表示要归政于天子的。

刘家的天下，其实姓了霍。

实际上直到霍光病卒，宣帝才收回权力，这是六年以后的事。此后又用了两年时间，才消灭了霍家的势力。即便如此，宣帝仍心有余悸。他说，此前每次出门只要与霍光同车，就如芒刺在背，坐张安世的车才放松。[4]

顺便说一句，张安世是张汤的儿子。

堂堂大汉皇帝，居然伴臣如伴虎，可见外戚是何等威风。上官桀急于成为外戚，一点都不奇怪。

当然，上官桀是失败的外戚，他是在与霍光反目为仇后一败涂地的，正如武帝初年窦婴与田蚡的两败俱伤。同样，霍氏家族遭到清算和清洗，也与当年的吕氏无异。

但，外戚却一直是极为活跃的政治力量。西汉，霍光之后有王莽。东汉，窦宪之后有邓骘（读如至），邓骘之后有阎显，阎显之后有梁冀，梁冀之后有窦武，窦武之后有何进。两汉政治，有相当多的时间是外戚在执掌。

这，大约是汉高祖和汉武帝都没想到的。

是的，他们只想到要防范功臣（异姓诸侯）和宗室（同姓诸侯），却不曾料到外戚也会危及皇权，更没想到后来把汉代断为两截，变成前汉后汉的，正是外戚。

不必责怪刘邦他们没有深谋远虑。其实即便两汉，各自的年头也并不短。西汉从刘邦称帝到王莽称帝二百一十年，东汉从刘秀称帝到董卓入京也有一百六十四年。

何况汉代皇帝借重外戚也事出有因。一方面，吕后开创了太后临朝的先例，而且她有资格；另一方面，功臣和宗室都要防范，靠得住的自己人就只有外戚。

这当然说明帝国还不成熟，统治阶级也缺乏经验，才会把人事看得比制度重。然而汉武帝却并非没有责任，因为将汉代断为两截的那把刀，就是他打造的。

这把刀，叫大将军。

大将军是秦汉都有的。秦将白起，汉将韩信，都当过大将军。但，他们担任的大将军是军衔，不是官衔，这样的大将军也不理朝政。实行一国两府，由大将军领录尚书事，成为内朝魁首和真宰相，是汉武帝开的头。

以后就每下愈况了。

事实上，两汉执政的外戚除阎显是车骑将军外，霍光、王莽、窦宪、邓骘、梁冀、窦武、何进，都是大将军。王莽和霍光，还都是大司马大将军。

这无疑是有问题的。要知道，大将军、骠骑将军、车骑将军都是军职。军人政治与官僚政治相矛盾，外戚政治与皇权政治相冲突。以外戚为首辅，引军人入政权，岂非与帝国的初衷背道而驰？

当然如此。

很清楚，汉武帝为了从政府夺权，发明出大司马大将军领尚书事，可谓逞一时之快，贻后患于无穷，堪称饮鸩止渴。只不过，这种危害在当时并看不出，因为第一个担任此职的恰好是卫青。

## 大将军卫青

卫青并没想到自己会成为大将军。[5]

当然，他也想不到后来会娶了平阳公主。实际上，卫青原本是平阳公主府上的骑奴，母亲卫姑娘则是平阳公主的婢女。卫姑娘生了三男三女，二女儿就是霍去病的母亲卫少儿，三女儿是卫子夫，卫青则是她们的弟弟。

不过卫青原本姓郑，父亲叫郑季。郑季在平阳公主府上当差时，与卫子夫的妈妈偷情，生下了卫青。

这样来历不明的孩子，当然姥姥不疼，舅舅不爱，郑季正妻的儿子们也不把卫青当兄弟。只有一个服劳役的囚徒说：你的面相贵不可言，将来会封侯。

卫青笑了。他说，我一个婢女生的儿子，能不挨打挨骂就不错了，哪里还能封侯？

类似的还有霍去病。

霍去病也是私生子，父亲叫霍仲孺。霍仲孺与卫少儿偷情生了霍去病，后来又娶妻生了霍光。所以，霍光和霍去病是同父异母的兄弟。霍光后来当然也表现出能力，但起步却无疑是沾了霍去病的光。[6]

事实上，把霍光带到长安，让他做了郎官，从此踏入仕途的，正是霍去病。霍去病能够进入汉武帝的视野，则又因为他的母亲卫少儿是皇后卫子夫的姐姐。

卫青作为人才被汉武帝发现，也如此。

显然，没有卫子夫，也就没有后来的故事。然而卫子夫又何尝能够主宰自己的命运？她不过是平阳公主府上的歌女，跟她那个做骑奴的弟弟一样都是奴仆。

但，命运之神偏偏就垂顾了她。

其实汉武帝原本是有皇后的。皇后叫陈阿娇，父亲是项羽部将陈婴的曾孙，母亲则是那位后来包养小情人的馆陶公主。据说，刘彻小时候坐在公主怀里，曾表示如果能得到陈阿娇，一定盖栋金屋子藏着她。[7]

由此留下了一个成语：金屋藏娇。

这当然是小说家言，完全靠不住，刘彻和阿娇的结合则多半是政治婚姻。两人婚后感情破裂，史家说因为阿娇恃宠而骄，也不妨姑妄听之。但没有儿子，是事实。

◎武、昭、宣三朝外戚关系图

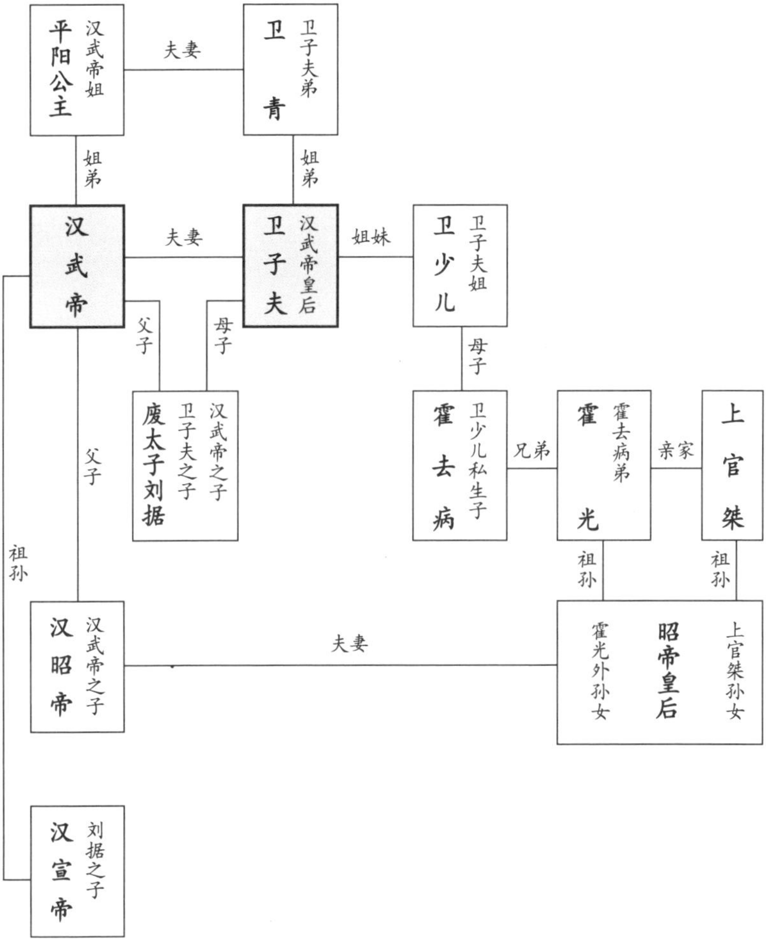
平阳公主 汉武帝姐
夫妻
卫青 卫子夫弟
姐弟
姐弟
汉武帝
夫妻
卫子夫 汉武帝皇后
姐妹
卫少儿 卫子夫姐
父子
母子
母子
废太子刘据 卫子夫之子 汉武帝之子
霍去病 卫少儿私生子
兄弟
霍光 霍去病弟
亲家
上官桀
父子
祖孙
祖孙
祖孙
汉昭帝 汉武帝之子
夫妻
昭帝皇后 霍光外孙女 上官桀孙女
汉宣帝 刘据之子

于是，平阳公主开始张罗。

平阳公主是武帝同父同母的亲姐姐，也是大姐。姐姐总是疼弟弟的。她搜集了十几个绝色美女，精心调教盛装打扮，在武帝到她家做客时，一齐展示出来。

汉武帝却一个都看不上。

但等到卫子夫出来唱歌时，汉武帝的眼睛亮了。他借口更衣进入帷帐，卫子夫也捧着衣服走了进来，汉武帝没有片刻犹豫就把她变成了自己的女人。

平阳公主意外成功。没错，这是她的感情需要，也是她的政治投资。所以，卫子夫进宫前，平阳公主摸着她的背说：将来尊贵了，请不要忘记我！[8]

卫子夫没有忘记，馆陶公主则看在眼里急在心头。情急之下，她秘密逮捕了卫青，准备谋杀。武帝闻讯，便任命卫青为建章宫监，加官侍中。侍中是当时权贵子弟争相一得的宠位，汉武帝却给了卫青，后来又给了霍去病。

从此，卫家的命运彻底改变。

卫子夫被封为皇后，是在元朔元年（公元前128年）三月，因为她生下了太子刘据。卫青也在同一年封侯，但不是沾皇后的光，而是因为有功。

战功是在讨伐匈奴时立下的。担任车骑将军期间，卫青曾三次率兵出击，一战而至龙城（匈奴祭天祭祖处），封关内侯；二战收复河南（内蒙古河套地区），封长平侯；三战擒右贤王（匈奴三把手），拜大将军。[9]

卫青一路凯歌，一路青云。

这不能归结为他运气好，而应该承认他能力强。实际上，汉武帝并非唯外戚是用，没有能力的外戚就只给待遇，不给权力。而且，当霍去病的能力越来越彰显时，汉武帝对他的宠信就超过了卫青。

对此，卫青似乎很淡然。也许在他看来，他的一切都是皇上给的，皇上也就是他的一切。没有皇上，就没有他卫青。所以，就连汉武帝要他娶平阳公主，他也照办。

不清楚卫青娶平阳公主是在什么时候，只知道当时公主的丈夫得了重病，回到封国。公主便让左右帮她在列侯当中找个男人，结果众人异口同声都说大将军最好。

平阳公主笑了。她说，这可是我们家的人呀，以前常常骑匹马跟在我后面，这话怎么说？

众人又都说：如今还有比他更尊贵的吗？

公主点点头，让人把意思带给了卫子夫，卫子夫又禀告了汉武帝，武帝便把卫青作为礼物送给了姐姐。

也许，这就是卫子夫对平阳公主的回报。

卫青的回报则给了汉武帝。终其一生，他都在自觉维护汉武帝的绝对权威。元朔六年（公元前123年），卫青率六将军讨伐匈奴，右将军苏建全军覆没，只身逃回。这样的败军之将该如何处理，军法官们意见不一。

大将军卫青却把裁量权交给了皇帝。他说，我当然有军法从事之权。但以我卫青之尊宠，尚且不敢擅自行刑于境外，不正可以告诫人臣不得擅专吗？

军法官们都说：大将军所言极是！

苏建后来是被汉武帝赦免的。他的儿子苏武，则成了历史上最有气节的外交官。据说，苏建曾经劝卫青效法古代名将招贤纳士，以高声望。卫青却说：礼贤下士广纳人才，是人主的权力。为人臣的，只要奉公守法，尽职尽责就行了，为什么要弄一堆名流在自己门下呢？

霍去病的作风，也如此。

这样的外戚和大将军，汉武帝能不放心吗？

当然放心。

他不放心的，是匈奴。

## 匈奴问题

匈奴是汉帝国的头号外患。

这是一个北方的游牧民族。对于他们的来龙去脉，我们其实知之甚少，只知道其最高首领叫单于（单读如缠），以下为左贤王和右贤王，此外还有各种名目的王，统治着东至朝鲜半岛，西至西域各国的辽阔疆域。

匈奴的崛起是在中国楚汉战争期间。当时的单于叫冒顿（读如莫毒），据说意思是“开始”。因此，也有史学家认为“冒顿单于”的称号，是抄袭了秦始皇。[10]

不过冒顿单于的态度，却一点不像抄袭者。汉惠帝时期，他居然写信给吕后说：陛下守寡，孤王丧偶，你我都很孤独，何不两好合一好，互通有无？

这哪里是求婚，分明是羞辱。

吕后大怒，召集陈平、樊哙、季布商量对策。

樊哙说：臣愿请兵十万，横行匈奴中。

吕后问季布的意见。

季布说：樊哙的脑袋可以砍下来！当年高皇帝将兵三十二万，被匈奴困在平城。樊哙身为上将军，其实并不能解围，至今遭人耻笑。现在又来夸海口，拍马屁罢了！

吕后无奈，只好咽下这口气。[11]

这口气一忍就是六十年。何况匈奴既无诚信意识，又无契约精神。尽管从刘邦开始，汉皇帝曾多次将公主嫁给单于，和亲却并未换来和平。游牧骑射的匈奴人只崇尚武力征服，毫不在乎对方是不是老丈人。

汉武帝决定开战。

从此，他送往匈奴的便不再是公主、丝绸和钱粮，而是卫青、霍去病的集团军。

集团军的组建是汉帝国战略战术的大调整，其特点是一个大兵团包括好几个独立作战单位，各由一名英勇善战的将军统领。统率全军的最高司令官多由外戚担任，比如西汉的卫青、霍去病、李广利，东汉的窦宪。

这就比以前的单兵作战有力得多，因为可以深入敌后打歼灭战。匈奴主力，是所谓控弦之士三十万。然而武帝用兵之初十年间，斩虏敌军就达二十万。[12]

同样，这样的军团也往往配置豪华。比如元朔六年（公元前123年）的卫青兵团，下属就有中将军公孙敖，左将军公孙贺，前将军赵信，右将军苏建，后将军李广，强弩将军李沮（读如居），均为一时之选，堪称精兵强将。

长袖善舞，多财善贾。兵强马壮，就能长驱直入。

元狩四年（公元前119年），也就是汉武帝全面推行经济体制改革那年，大将军卫青和骠骑将军霍去病各以骑兵五万为先锋，步兵数十万为后盾，大规模出征。此战，卫青兵团出塞一千多里，至寘颜山（寘读如田，今蒙古国都兰哈拉山）；霍去病兵团出塞二千多里，封狼居胥（今蒙古国肯特山），把大汉的旗帜高高插在了匈奴的腹地。

从此，大漠以南再无匈奴的王庭。

实际上此前匈奴已受重创。元狩二年（公元前121年），新任骠骑将军霍去病率军出塞，进五王国，过焉支山（在河西走廊），杀折兰王，斩庐侯王，擒浑邪王子，又一口气攻到祁连山，逼得浑邪王和休屠王向大汉投降。

投降也有曲折。当时汉武帝恐怕匈奴诈降，命令霍去病前往迎接。霍去病来到营前，发现果然有浑邪王部下不愿投降。于是他当机立断，驰入营中与浑邪王相见，斩杀逃亡者八千人。然后安排浑邪王先行一步，自己慢慢收编降卒进京，得众数万，号称十万。[13]

金日磾，就是这时来到长安的。

后来成为托孤大臣的金日磾，这时却是战俘。他是匈奴休屠王的太子。休屠王与浑邪王合谋降汉，事到临头却又后悔，结果被浑邪王所杀。金日磾和他的母亲、弟弟都被带到长安，入宫为奴，当时他十四岁。

有一天，汉武帝来看马。

马是金日磾等人养的，又肥又大。金日磾自己则身长八尺二寸（约一米八六以上），容貌端庄，汉武帝看了满心欢喜。问明来历后，马上任命他为马监，加官侍中，跟当年对待卫青、霍去病一样。[14]

又一位奴仆脱颖而出，尽管他的出身是王子。

更重要的是，这位王子或奴仆是匈奴人。汉武帝却不但没有歧视，反倒青睐有加。没错，他是跟匈奴打了几十年仗，但那是为了国家安全，不是要消灭种族。

汉武帝是国家主义者，不是民族主义者。

匈奴最后是销声匿迹了，其中有一半原因是内乱。东汉建武二十二年（公元46年），匈奴分裂为南北两部。南匈奴单于王朝在曹操的时代终结，其后逐渐融入汉和其他民族。北匈奴则在东汉永元三年（公元91年）战败后不知所终。有人认为，五世纪中叶横行欧洲的“上帝之鞭”阿提拉，便是北匈奴单于的后裔。

相反，汉帝国的版图却在扩张。原先被匈奴统治的西域臣服于汉，新增的行政区则设在了今内蒙古和甘肃省境内。其中，置朔方、五原二郡是卫青的战果，置武威、张掖、酒泉、敦煌四郡是霍去病的功劳。

汉与匈奴的关系，大局已定。

但，这是无数生命、鲜血和金钱换来的。

的确，战争的胜利让武帝和汉人扬眉吐气，同时也让人痛感劳民伤财。比如元朔六年那次战役，单是奖励将士的赏金就要二十多万斤，被俘敌军几万人也要赏赐，逼得大司农再次卖官，卖了黄金三十多万斤。

两年后，由于浑邪王来降，军需、赏钱、招待费耗资总共一百多亿。五年后，卫青和霍去病再伐匈奴，战马竟死了十多万匹，赏钱则花了五十万斤。

请问，汉帝国还有多少官可卖？[15]

可惜，与匈奴的大规模战争虽一度停止，武帝的开边事业却一往无前：征朝鲜，通西域，平东瓯，定两越，征服西南夷，一如亚历山大的席卷欧、亚、非。

汉武帝却雄心未已。从天汉二年（公元前99年）到征和三年（公元前90年），他又三次派外戚贰师将军李广利伐匈奴。结果，第一次李陵投降，第二次无功而返，第三次更是全军覆没，连李广利自己也降了。

直到这时，汉武帝才算清醒过来。李广利投降的第二年，汉武帝否定了在轮台以东屯田的建议，下诏表示要调整对外政策，转移工作重心，史称“轮台罪己”。[16]

实际上这份诏书是不能叫做“罪己诏”的（详见本书后记），所谓“深陈既往之悔”也只是史家的说法。汉武帝对自己的路线和政策，并没有根本性的检讨和反省，更不会彻底否定和全面推翻。相反，两年后他指定的顾命大臣，则不但有霍光、上官桀和金日磾，还有桑弘羊。

桑弘羊是汉武帝经济政策的制定者，也是汉武帝政治路线的代表人。屯兵轮台的建议，就是他提出来的。尽管这个建议被否决，却不等于过去的方针都被否定。只不过，汉武帝的外交政策、军事政策和经济政策，都将面临挑战，桑弘羊则必须充当辩护人。

那么，桑弘羊又怎么样了？

## 政变与政改

桑弘羊是被杀掉的。

这当然是政治斗争的结果。元凤元年（公元前80年），上官桀、桑弘羊和盖长公主密谋发动宫廷政变，杀霍光，废昭帝，另立燕王刘旦为天子。消息泄露，反叛集团被一网打尽，燕王、盖长公主自杀，上官桀、桑弘羊伏诛。[17]

其实开始时，上官桀等人本不想把事情闹大，只是要干掉霍光。因此，他们伪造了燕王的奏章，告发霍光调兵遣将，在京师戒严，意欲谋反。

这当然能置霍光于死地，但奏章什么时候交出去却成了问题。依照当时的制度，大臣上书要写正副两份。尚书先看副本，然后决定是否上奏。霍光可是“领尚书事”的。如果他把奏章扣下来，那就前功尽弃。

上官桀的办法是打时间差，在霍光休例假时上奏。他们的想法是，只要汉昭帝说句话，就立即动手。这并非没有可能。毕竟，这时的昭帝只有十四岁。

然而昭帝却一言不发。

第二天，霍光上朝，走到画室就停住了。

汉昭帝问：大将军在哪里？

上官桀答：因为燕王告发他，所以不敢进来。

汉昭帝说：请大将军入。

于是霍光入内，摘下帽子顿首谢罪。

汉昭帝说：请戴上帽子。这封信是假的，将军无罪。

霍光问：陛下怎么知道？

汉昭帝说：将军前往广明（地名），不过例行公事，怎么是调兵遣将？就算调兵遣将，燕王怎么知道？何况将军真要谋反，也用不着那些校尉。

尚书们听昭帝这样分析，都大吃一惊。上官桀无法利用皇帝，只好铤而走险。[18]

此案其实可疑。十四岁孩子就能识破的花招，能算是阴谋诡计吗？以桑弘羊之多智，又岂能赞同？如果这样的计谋都能得逞，那运气也太好了。

但不管怎么说，桑弘羊总归是卷了进去。那么，他又为什么要跟上官桀结成团伙反对霍光呢？

除了利益之争，还有路线斗争。

斗争在政变前一年就白热化。当时，霍光为了实行新政，利用职权从全国各地找来了六十多个儒家之徒（贤良文学），跟御史大夫桑弘羊讨论经济政策，公开辩论盐铁酒类应该国营还是民营，史称“盐铁会议”。

记录盐铁会议的著作，是《盐铁论》。

会议的记录十分有趣。

顾名思义，盐铁会议讨论的原本是经济问题。就算要抓根本，也该辩论国进民退是否合适，垄断经营是否必需，经济命脉如何掌握，等等。可惜儒家是不懂经济的，所以双方的发言简直是鸡同鸭讲。

比如桑弘羊说，进行经济体制改革，是因为讨伐匈奴和保卫边疆都要用钱。既然国库不足，就得生财有道，总不能让前方将士饥寒交迫吧？

这时的正确回答就该是：换种政策照样有钱。

然而儒生们的回答却是：人间正道，贵道德而贱用兵。匈奴野蛮，就该加紧建设我们的精神文明，用文明去感化和教化他们，怎么能长途跋涉去讨伐呢？

意思很清楚：那仗根本就不该打。

这是什么话！仗该不该打，是经济工作会议讨论的问题吗？那是军事会议讨论的。

儒生们的回答，岂非文不对题？

何况树欲静而风不止。你不打匈奴，匈奴要打你。不出征，也不应战吗？如果仗要打，钱要花，又要取消盐铁酒类专卖专营和平准、均输，请问钱从哪里来？

儒生当然不会回答，因为他们根本就回答不了。

回答不了，就只能唱高调。儒生们说：会取胜的不打仗（善克者不战），会打仗的不带兵（善战者不师），会带兵的不布阵（善师者不阵）。王者行仁政，无敌于天下，哪里用得着花那么多钱？[19]

这就没什么可说的了。

不清楚桑弘羊为什么要跟这帮逻辑不通的家伙枉费口舌。也许，是因为皇帝有诏书。也许，桑弘羊原本就有话要说。也许，他是要借此机会反戈一击，为汉武帝也为他自己做一次漂漂亮亮的辩护。

霍光却显然是要政改。当然，他并不是要改革政治体制，只是要改变某些政策法规。这倒也是必要的，因为汉武帝执政期间确实存在不少问题。包括他的经济政策，也有问题。不改变，就不会有所谓“昭宣中兴”。

兵马未动，粮草先行；政策未改，舆论先行。这就是霍光策划这次会议的用心。至于那六十多个从全国各地找来的贤良文学，则是他借来打鬼的钟馗。

贤良文学却不这么认为。在他们看来，汉武帝号称尊儒，其实重法。儒家则看似风光，其实被边缘化。这回既然好不容易有了发言权，就必须借此机会夺回阵地，至少也要在朝堂之上为儒家争得一席地位。

盐铁会议变成了儒法之争，这是原因之一。

战端却是桑弘羊开启的。在听够了儒生们不切实际的夸夸其谈后，桑弘羊忍无可忍。他愤愤不平地表示：稳坐家中不知挑担赶路的苦，说风凉话当然比干实事容易。博古而不通今，唱高调不接地气，这样的人有什么用？

桑弘羊他们还说，尊儒以来，武皇帝察贤良，举文学，遍访民间，思贤若渴。然而选举出来的大中小儒，有一个能为皇上分忧、兴利补弊的吗？一个都没有！

这时，儒生们的积怨也如火山爆发。

贤良文学们说，这难道是儒家有问题吗？不，是组织路线有问题，干部政策有问题，舆论导向有问题。武皇帝要开疆辟土，故权谲之谋进，凶残之士用。打仗就要用钱，故兴利之臣起。利兴则义闭。世风日下，人心不古，犯罪率就高。这个时候，岂不就要重用酷吏了？

于是儒生们悲愤地说：难怪皇上身边尽是些投机取巧的家伙，因为我大汉王朝就是用利欲在做指挥棒嘛！仅仅提拔一个公孙弘，管什么用啊！[20]

呵呵，谁说儒家不讲逻辑？他们有自己的一套。

桑弘羊当然也有另一套。在他看来，治国面对的是现实问题，而现实问题是匈奴寇暴。御寇就得强兵，强兵就得富国，富国就得理财，理财就得务实。空谈误国，实干兴邦，国家需要的是脚踏实地的人。

这同样无法达成共识。

但，不管公理婆理，双方的着眼点都已不再仅限于经济政策。他们更关心的，是组织路线、政治路线和思想路线。组织路线之争，在文官和文吏；政治路线之争，在王道和霸道；思想路线之争，在儒家和法家。

这才是盐铁会议的意义所在。

霍光的政改，倒在其次。

不过，如果把桑弘羊和汉武帝都看作法家，就大错特错了。桑弘羊是，汉武帝不是。当然，他也不是儒家。事实上，汉武帝是很难贴标签的。无论把他当作儒家还是法家，都是一叶障目，甚至自作多情。

那么，什么是汉武帝的真面目？

## 罪功岂在悔轮台

汉武帝其实很可怜。

盐铁会议的召开是在始元六年（公元前81年），距离汉武帝驾崩只有六年，可谓尸骨未寒。然而贤良文学们的某些发言，却已大有炸平长安、彻底清算之意，尽管没有汉武帝原本是不会有什么贤良文学的。

争论并没有随着会议的结束而结束。

本始二年（公元前72年），汉宣帝下诏，要为汉武帝立庙设乐。这当然是一件大事。因为汉代不同于后世，并非每个皇帝死后都有庙号。此前，仅高皇帝刘邦和文皇帝刘恒有，庙号为高祖和太宗，惠帝和景帝就只有谥号。

宣帝认为，他的曾祖父刘彻也该有庙号。

何况，武皇帝也当得起。

然而一位名叫夏侯胜的儒生却公开反对，理由是汉武帝好大喜功，穷兵黩武，杀人无数，挥霍无度，以至于赤野千里，民不聊生。如此毫无仁德，岂能有庙号？

此言一出，朝野哗然。公卿们一齐责备夏侯胜说：这是圣意，岂能反对？夏侯胜却说：圣意又怎么样？人臣之义在直言。话已出口，万死不辞！

当然，为武帝立庙的提案仍被通过，庙号世宗。但夏侯胜的反对意见也被如实记录，并流传下来。他本人则在坐了两年牢后被释放，而且受到汉宣帝的礼遇。[21]

这说明什么呢？

第一，汉代的言论相当自由。

第二，夏侯胜的批评基本属实。

实际上，夏侯胜说得并不全。如果愿意，还可以加上繁刑重敛，崇妖信怪，杀伐任性，喜怒无常。司马光甚至认为，汉武之恶几近秦皇，只不过他识好歹，受忠言，知对错，会用人，这才不至于亡汉。[22]

然而即便是秦始皇，又何尝不曾收获由衷的赞美？可见问题不在如何评价，而在评价的立场。

夏侯胜的立场无疑是儒家的，后来的班固和司马光也如此。但是，汉武帝在古代挨儒家的骂，在近现代却又因尊儒而挨批，这就太里外不是人了。

请读这首诗：

> 绝大经纶绝大才，罪功不在悔轮台。
>
> 百家罢后无奇士，永为神州种祸胎。[23]

诗的意思很清楚：汉武帝的雄才大略毋庸置疑，最大过失却不在连年用兵，而在罢黜百家。

这未尝没有道理。

的确，思想文化领域是不能一家独尊的。因为没有百家就没有争鸣，没有争鸣就没有思想，没有思想就不会有风骨和气节。苟如此，又哪里会有担负天下兴亡、创造文明成果的奇士？也只有奴才。

问题在于，这祸胎真是汉武帝种下的吗？

未必。

事实上，汉武帝的“罢黜百家，独尊儒术”是有条件的，那就是仅限于官学范围。也就是说，罢黜百家，只是诸子不设博士官；独尊儒术，也只是饱读诗书更容易走上仕途。至于民间，则百家既未罢黜，儒术也不独尊。

其实就连政府，也不是儒家的一统天下。张汤是儒家吗？卫青是儒家吗？桑弘羊是儒家吗？汉武帝如果真的独尊儒术，贤良文学们岂能气成那个样子？

何况武帝的时代也并非没有奇士。汲黯不是吗？夏侯胜不是吗？司马迁不是吗？还有义纵，是因为抵制告缗法而死的。义纵可是酷吏。但怎么样呢？也有骨头。

还有东方朔。

东方朔是被司马迁写入《滑稽列传》的，他在汉武帝那里的地位也相当于戏子。然而，当汉武帝宴请馆陶公主的情人董偃时，东方朔为了维护朝廷尊严，竟然横戟拦在门前，逼得武帝只好换地方，董偃也只好走后门。[24]

奇士的风骨甚至存在于小人物的身上。

这位没能留下姓名的小人物，是宫中掌印的郎官。某天晚上，宫中闹鬼。值班的大司马大将军霍光怕出事，让郎官把印玺交给他。郎官不给，霍光去夺。郎官便手按剑柄正声说：臣头可得，印玺不可得！

权倾一时的霍光，也只能诺诺连声。[25]

这并不奇怪。武帝的时代毕竟距离先秦不远，新做人家的汉帝国也血气方刚。诚如史家所言，那时的中国人比后世有更多的率真，更多的勇敢，更多的质朴和更多的刚强。汉的气质，是雄大、闳放和深沉的。[26]

气质变得柔美、空灵而内秀，要到中唐以后。儒学真正成为统治思想，也不早于宋元。至于百家罢尽，万马齐喑，则是朱元璋和乾隆帝设文字狱之后的事情。

汉，却是霸道的。

同样，汉也是开放的。长安城里住满了世界各国的商人和使者，离宫别馆旁也种满了苜蓿和葡萄。深眼多须的外国人，在长安的街市上讨价还价，并坚持着女士优先的习俗，皇上看了却乐不可支。[27]

汉武帝是不会画地为牢的。他也不会因为董仲舒的一席话，就皈依了孔门，并关上其他的窗户。

事实上武帝并不当真热衷儒术，他喜欢的也不是董仲舒那样的“纯儒”（其实董仲舒也不纯），而是公孙弘那样的“杂儒”，以及张汤那样能用儒术装点门面的文吏。儒术与法术杂糅，王道与霸道并用，才是他的真面目。

那么，汉武帝就没有留下祸胎吗？

当然有。

且看他都干了些什么。

## 帝国是怎样炼成的

汉武帝是十六岁登基的，上天也给了他足够长的寿命和时间：享年七十，在位五十四年。这两项纪录不但超过了他的所有前辈，而且很久以后才被打破。

这可真是天之骄子。

武帝也不负天恩。在他治下，汉的政治、经济、军事和文化都达到鼎盛。疆域和势力范围，东邻韩国，西有新疆，南至越南，北接蒙古，堪称超级大帝国。

文化方面同样灿烂辉煌。哲学家董仲舒，文学家司马相如，音乐家李延年，探险家张骞，农学家赵过，天文学家唐都、落下闳，便都出在这个时代。

当然还有司马迁。尽管汉武帝非常对不起这位伟大的史学家，也并不喜欢他的《史记》。

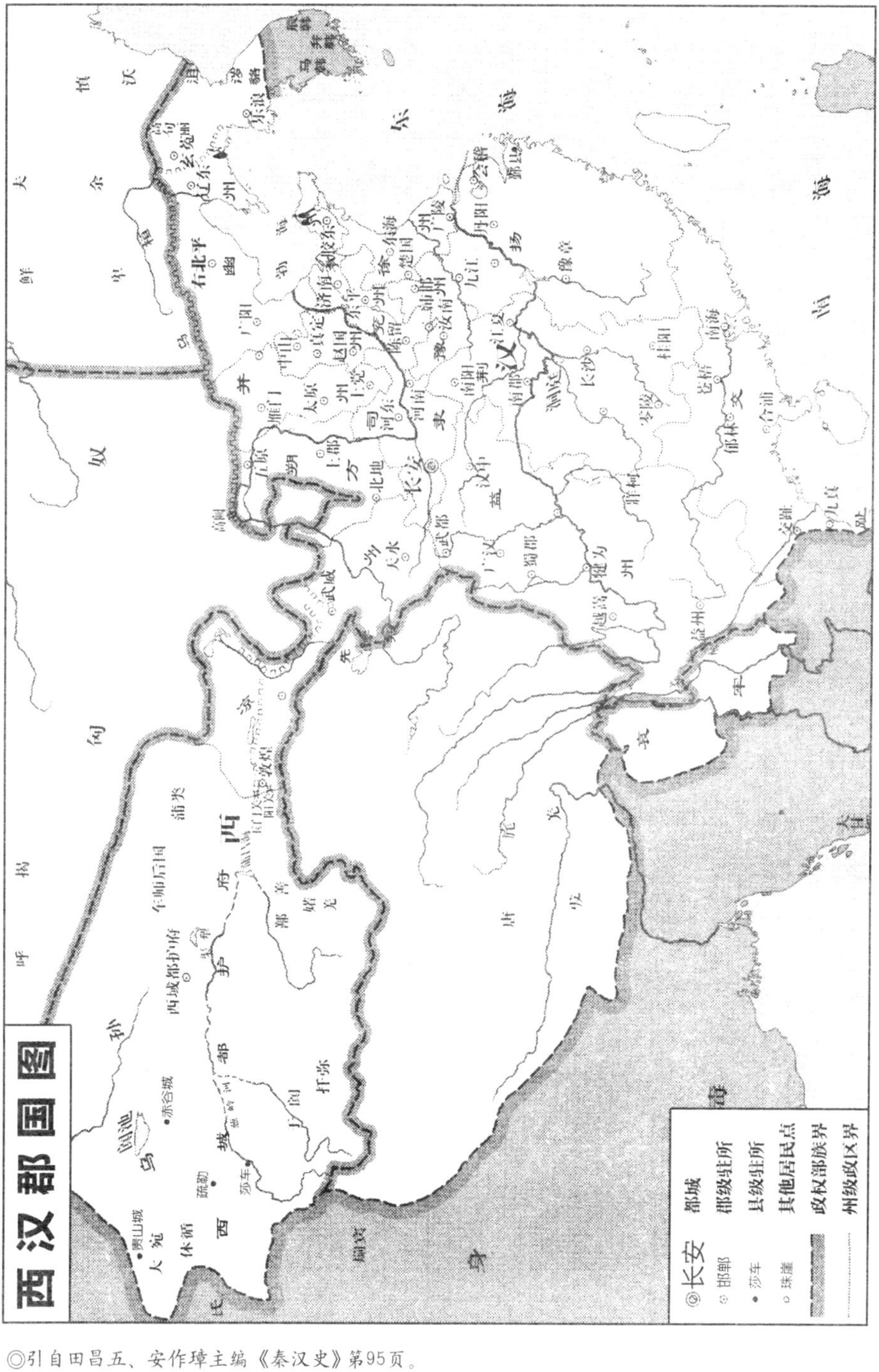


◎引自田昌五、安作璋主编《秦汉史》第95页。

然而司马迁却如实地记录了元封元年（公元前110年）的封禅大典。那是十八万骑兵，上千里旗帜，一万八千里行程的大制作，也是汉武帝功成名就的象征。[28]

这一年，刘彻四十七岁。

实际上汉武的帝业基础，十年前就已奠定。元狩四年（公元前119年），经济体制改革全面展开，卫青和霍去病兵至漠北，并以大将军和骠骑将军身份出任大司马。

从此，漠南无匈奴，帝国有内朝。

这时，汉武帝登基才二十一年，实际执政十六年（前六年有太皇太后听政），年龄三十七岁。开创并成就自己的帝国大业，他其实只用了半辈子。

此后的故事并无悬念：四十六岁灭南越和西南夷，四十七岁实行平准法和均输法，四十八岁降滇王，四十九岁降朝鲜，五十一岁分天下为十三州部。

汉武的步伐，何其坚定！

步伐坚定，是因为目标明确，那就是天下一统，中央集权，皇权至上。这是秦始皇未竟之事业。

因此，汉武帝登基之后就频频出手：二十一岁置五经博士，二十三岁推行察举，二十四岁始征匈奴，三十岁用推恩法削弱王国势力，三十三岁任命公孙弘为丞相，卫青为大将军，并为博士设弟子。

这一系列动作都在他三十五岁以前完成，却有着非凡的意义。尊儒，则秦政变为汉政；推恩，则分权变为集权；举贤，则贵族变为官僚；讨伐匈奴，则夷狄变为华夏。夷夏之分，王霸之术，古今之变，尽在其中。

中华大帝国巍然屹立，汉武的事业风生水起。

不能说武帝在二十多岁时，就已经有了理论和制度的自觉。但他有政治天赋和帝王直觉，知道最重要的事情是巩固政权，尤其是巩固皇权。只要能实现这一目的，他是不在意使用各种手段的。

所以，他建太学，兴儒术，开言路，荐人才，却又留心俗务，重用酷吏，奖励军功。他的组织路线和干部政策是不拘一格的，因为他并不独尊儒术，只独尊自己。

那么，汉武帝的手段又是什么？

对外开边，对内收权，一手抓官，一手抓钱。

代表着这一整套治术的，是卫青、公孙弘、张汤和桑弘羊。卫青是军人也是外戚，公孙弘是文吏也是儒生，张汤懂法，桑弘羊会理财，汉武帝得心应手。

是啊，有钱就能做事，有兵就能护家，懂法就能治国，通儒就能安定人心，粉饰太平。结果，汉的版图面积比秦大了一倍，统治反倒更加牢固。

秦亡而汉兴，原因就在这里。

汉武的帝国，也就是这样炼成的。

支撑帝国大厦的则是三根支柱：中央集权、官员代理和伦理治国。前两根支柱是秦也有的，后一根却是汉武帝所立。但，正是由于这一改革，秦政和秦制才变成了汉政和汉制，帝国制度也才立于不败之地。[29]

那么，什么叫“伦理治国”？

其实就是周人主张的德治和礼治，因此也可以说是周政和周制。周政和秦政，周制和秦制，是对立的。周是邦国制（封建制），秦是帝国制（郡县制）；周政讲王道，秦政讲霸道。所以，秦也不要德治和礼治。

秦政是刑治和律治，号称法治。

汉武帝却在延续秦制的同时，也继承了周政，即制由秦帝，政借两周。因为德治和礼治的统治成本更低，效果也更好。军国主义和严刑峻法只能维持表面的太平，统一的思想和价值体系才能保证长治久安。

要实行德治和礼治，就只能靠儒家。因此，尽管武帝本人并不尊儒，宣帝更明确主张王霸杂用，但独尊儒术却仍是汉武以后的基本国策。

这个国策也为后世王朝所采纳。即便不尊儒，儒家主张的宗法制和礼乐制也照样实行。这样看，所谓“百代皆行秦政治”，其实是该叫“百代皆行汉政治”的。

那么，汉政治的核心又是什么？

皇权政治加官僚政治。表面上看，这与秦政无异。然而秦是吏治天下，汉则是官治与吏治并存，而且逐渐由吏治走向官治。这当然要拜独尊儒术所赐。事实上，当官员们越来越儒化时，官僚政治就牢不可破了。

与此同时，儒学也在官化。官方思想其实是不要思想的，官化的儒学也只要教化和灌输，顶多再加对先王圣教的心得和注解。没有思考，没有质疑，没有批判，没有争鸣，那才真是“毁人不倦”。

永为神州种祸胎，当作如是解。

把儒学变成官学，也该由汉武帝来负责。尽管在当时，儒学并没有那么重的官气，反倒是一股清新气息。

靠着汉政治，周文明的血脉延续了下来。在楚文明的基础上将周秦文明融为一体，就是汉文明。这是人类历史上最早出现的世界性文明，其深远影响难以估量，而能够与之媲美的则只有罗马。

罗马，与大汉会有关系吗？

后记

# 汉武帝下诏罪己了吗

撰写《汉武的帝国》有一道迈不过去的坎，那就是他的“轮台罪己”。这事历来被视为史实，而且评价甚高。因为以帝王之尊，汉武之雄，居然能下诏罪己，做自我批评，实在是太难能可贵了。

但，此案可疑。

首先要问：汉武帝下诏了吗？

下了。时间是在征和四年（公元前89年），月份不详，起因则是桑弘羊等人建议招募青壮不怕死的农民，到轮台（今新疆轮台县）屯垦戍边，被武帝否决。所以这份诏书又叫“轮台诏”。

那么，“轮台诏”罪己了吗？

没有。此诏中最严重的话，是“朕之不明”，以及“悲痛常在朕心”。至于“是扰劳天下，非所以优民也”，那是批评桑弘羊他们这建议的，不是自我批评。

因此，学术界比较严谨的学者，并不称此诏为“罪己诏”，而称之为“哀痛之诏”或“悔悟之诏”。其实就连这两个说法，都是受班固的影响。《汉书·西域传》在记录这份诏书时，班固是这样表述的："上乃下诏，深陈既往之悔，曰……"

这就是"悔悟之诏"的来历。

此传班固的赞语则说："（汉武帝）末年遂弃轮台之地，而下哀痛之诏，岂非仁圣之所悔哉！"

这就是"哀痛之诏"的来历。

也就是说，班固也没有称之为"罪己之诏"。

那么，"罪己"的说法有依据吗？

有。因为据说汉武帝曾说过这样的话：

> 朕即位以来，所为狂悖，使天下愁苦，不可追悔。自今事有伤害百姓，靡费天下者，悉罢之。

这当然是罪己了。如果"轮台诏"里有这段话，那就是不折不扣的"罪己诏"。

可惜不是。

据《资治通鉴》卷二十二，这段话是征和四年（公元前89年）三月，汉武帝封禅泰山后的口谕，既非轮台，亦非诏书，怎么能称为"轮台罪己诏"呢？

何况就连这段话，也来历不明。遍查《汉书》，并无记载，仅见于《资治通鉴》。那么请问，司马光的根据在哪里？一个宋代的人，怎么知道连班固都不知道的事呢？

请博览群书者有以教我。

# 注释

## 第一章

1．本卷所言汉武帝事，除另有注释者外，均见《史记·孝武本纪》、《汉书·武帝纪》。

2. 西汉前几任皇帝依次是：高帝刘邦，惠帝刘盈，前少帝刘恭，后少帝刘弘，文帝刘恒，景帝刘启，武帝刘彻。但一般不将前后少帝计算在内。

3. 秦二世胡亥继位时二十岁，卒年二十四岁。

4. 刘盈事见《史记·吕太后本纪》、《汉书·惠帝纪》。

5. 见《史记·留侯世家》。

6. 《史记》等书述汉惠帝、吕太后故事多不可靠，早已由吕思勉先生指出，请参看吕思勉《秦汉史》。

7. 田生即云"吕氏雅故本推毂高帝就天下"，见《史记·荆燕世家》。

8. 司马光曾说，刘邦最终不立如意，是因为"知群臣心皆不附赵王"，见《资治通鉴》卷十二。

9. 见《史记·曹相国世家》。

10. 见《史记·高祖本纪》。

11. 关于刘章的想法，《史记·吕太后本纪》称"恐见诛"（害怕受到株连），《史记·齐悼惠王世家》则称"因立齐王为帝"。

12. 见《史记·齐悼惠王世家》。

13. 本段论述亦请参看吕思勉《秦汉史》。

14. 见《史记·吴王濞列传》。

15. 此盟除见于《史记》之《吕太后本纪》外，亦见于《绛侯周勃世家》。绛侯世家其文曰：非刘氏不得王，非有功不得侯。不如约，天下共击之。

16. 见《史记·吕太后本纪》。

17. 见《史记·郦生陆贾列传》。

18. 见《史记·高祖本纪》。

19. 请参看吕思勉《秦汉史》。

20. 见《史记·吕太后本纪》。

21. 高祖所封十王，荆王刘贾战死，故地改封吴王刘濞。赵王如意被毒死，其地改属吕禄。梁王刘恢被气死，其地改属吕产。淮阳王刘友被饿死，其地改属刘彊。燕王刘建病死，其地改属吕通。齐王刘肥病死，子襄继位。所余者，高祖四子代王刘恒，七子淮南王刘长，四弟楚王刘交，侄儿吴王刘濞。

22. 见《史记·外戚世家》。

23. 西汉十一帝，有庙号者五人：高帝刘邦，庙号高祖；文帝刘恒，庙号太宗；武帝刘彻，庙号世宗；宣帝刘询，庙号中宗；元帝刘奭，庙号高宗。

24. 见《史记·孝文本纪》、《汉书·文帝纪》。

25. 见《史记·绛侯周勃世家》。

26. 见《汉书·贾谊传》。

27. 本节所据，如无另注，均分见《史记》之《袁盎晁错列传》和《吴王濞列传》。

28. 见《汉书·爰盎晁错传》。

29. 见《史记·梁孝王世家》。

30. 见《史记·绛侯周勃世家》。

## 第二章

1. 见《史记·郦生陆贾列传》。

2. 见《汉书·外戚传上》。

3. 见《史记·儒林列传》。

4. 见《史记·汲郑列传》。

5. 请参看《史记·平准书》。

6. 见《汉书·武帝纪》。

7. 关于董仲舒，详见本中华史第九卷《两汉两罗马》。

8. 见《汉书·董仲舒传》。

9. 见《史记·刘敬叔孙通列传》，下同。

10. 见《汉书·高帝纪》。

11. 见《史记·平津侯主父列传》、《汉书·公孙弘卜式儿宽传》。

12. 见《汉书·武帝纪》、《史记·儒林列传》、《资治通鉴》卷十九。

13. 请参看顾颉刚《秦汉的方士与儒生》。

14. 见《韩非子·说疑》。

15. 李广事见《史记·李将军列传》。

16. 见《史记·绛侯周勃世家》。

17. 见《史记·张释之冯唐列传》。

18. 见司马迁《报任安书》。

19. 见《史记·孔子世家》。

20. 张汤及其他酷吏故事无另注者均见《史记·酷吏列传》。

21. 见《史记·平准书》。

22. 见《汉书·刑法志》。

23. 请参看范文澜《中国通史》等。

24. 见《汉书·刑法志》。

25. 汲黯事迹无另注者均见《史记·汲郑列传》。

26. 见《史记·袁盎晁错列传》。

## 第三章

1. 本节所据史实请参看翟连仲主编《世界通史·古代卷》。

2. 美索不达米亚原指两河流域北部，后来泛指整个冲积平原。

3. 主父偃故事见《史记·平津侯主父列传》。

4. 见《汉书·武帝纪》。

5. 见《文献通考》卷二六七。

6. 本节所述亦请参看田昌武、安作璋主编《秦汉史》。

7. 见《史记·淮南衡山列传》。

8. 见《史记·吴王濞列传》。

9. 本节论述亦请参看吴晓波《浩荡两千年》。

10. 见《史记·货殖列传》。

11. 以前也有官办的手工作坊，但多为满足宫廷需求，产品并不出售，所以不算企业。

12. 见苏轼《司马迁二大罪》。

13. 见《史记·平准书》。

14. 见《史记·酷吏列传》。

15. 见《史记·平准书》。

16. 见《盐铁论·复古》。

17. 郭解故事见《史记·游侠列传》。

18. 见《史记·平津侯主父列传》。

19. 请参看《后汉书·酷吏列传·序》。

20. 见《史记·游侠列传》。

21. 本节所述西汉官制，请参看《汉书·百官公卿表》、《后汉书·百官志》、钱穆《中国历代政治得失》、杨鸿年和欧阳鑫《中国政制史》、韦庆远和柏桦《中国官制史》、陈茂同《中国历代职官沿革史》、吴宗国主编《中国古代官僚政治制度研究》。

22. 按照《汉书·百官公卿表》的说法，九卿即太常、光禄勋、卫尉、太仆、廷尉、大鸿胪、宗正、大司农、少府、中尉。他们的官俸，都是“中二千石”（月谷一百八十斛）。

23. 请参看《周礼·考工记》、《晋书·李胤传》。

24. 见《史记·魏其武安侯列传》。

25. 见《史记·酷吏列传》。

## 第四章

1. 本节所述张汤及其他酷吏事，如无另注，均见《史记·酷吏列传》。

2. 见《史记·汲郑列传》。

3. 本章所述秦汉官制及官僚政治，亦请参看阎步克《帝国开端时期的官僚政治制度——秦汉》。

4. 杜甫《奉赠韦左丞丈二十二韵》。

5. 见《论语·卫灵公》。

6. 见《孟子·尽心下》。

7. 见《论语·子张》。

8. 王充《论衡·程材》。

9. 本节论述亦请参看吴宗国主编《中国古代官僚政治制度研

究·绪论》。

10. 赵翼《廿二史札记》卷二。

11. 见《韩非子·扬权》。

12. 请参看《汉书·百官公卿表》、钱穆《中国历代政治得失》。

13. 见《汉书·循吏传》。

14. 见《史记·平准书》。

15. 见《史记·酷吏列传》。

16. 见《汉书·百官公卿表》。

17. 本章所述亦请参看钱穆《中国历代政治得失》、杨鸿年和欧阳鑫《中国政制史》、韦庆远和柏桦《中国官制史》、陈茂同《中国历代职官沿革史》、吴宗国主编《中国古代官僚政治制度研究》、孔令纪主编《中国历代官制》(齐鲁书社版)、徐连达编著《中国官制大辞典》。

18. 见《汉书·武帝纪》。

19. 见《史记·秦始皇本纪》、《汉书·食货志》及《文献通考》。

20. 文学与吏道的说法,见《文献通考·选举考八》。

21. 请参看阎步克《帝国开端时期的官僚政治制度——秦汉》。

22. 卫宏《汉旧仪》便称:汉帝国取士“皆试以能,信,然后官之”;“不宜者还故官”。

23. 以上见《史记·滑稽列传》、《汉书·东方朔传》。

## 第五章

1. 见《汉书》之《昭帝纪》、《霍光金日磾传》。

2. 见《汉书·东方朔传》。

3. 见《汉书·外戚传》。

4. 以上均见《汉书·霍光金日磾传》。

5. 卫青事见《史记·卫将军骠骑列传》、《汉书·卫青霍去病传》。

6. 霍光和霍去病的父亲，《汉书·卫青霍去病传》作“霍仲孺”，《汉书·霍光金日磾传》作“霍中孺”，但注音读如仲。

7. 见冒名班固的《汉武故事》。

8. 见《汉书·外戚传》。

9. 这三次战役的时间分别是元光六年（《史记》称在元光五年，此据《汉书》）、元朔元年和元朔六年。

10. 见台湾学者傅乐成《中国通史》引方壮猷说。

11. 见《汉书·匈奴传》。

12. 这十年是元朔元年（公元前128年）到元狩四年（公元前119年），共八次出击，数据见杜维运《中国通史》。

13. 见《汉书·卫青霍去病传》。

14. 见《汉书·霍光金日磾传》。

15. 以上数据见《史记·平准书》。

16. 见《汉书·西域传》。

17. 见《汉书·昭帝纪》。

18. 见《汉书·霍光金日磾传》。

19. 见《盐铁论·本议》。

20. 见《盐铁论·刺复》。

21. 见《汉书·眭两夏侯京翼李传》。

22. 见《资治通鉴》卷二十二。

23. 于右任《汉武帝陵》。

24. 见《汉书·东方朔传》。

25. 见《汉书·霍光金日磾传》。

26. 请参看王子今《汉武英雄时代》。

27. 见《史记·大宛列传》。

28. 请参看《史记》之《孝武本纪》、《封禅书》，李长之《司马迁之人格与风格》。

29. 请参看易中天《帝国的终结》。

# 附录

## 本卷大事年表

说明：从汉高祖元年到汉武帝元封六年，汉人沿袭大秦历法，以每年的十月为岁首，第二年九月为岁末。因此，此间如果出现同一年的正月在十二月之后，请读者不要感到奇怪。汉武帝太初元年，汉人恢复夏历，仍以正月为岁首，十二月为岁末。

汉高祖元年（公元前206年）十月，刘邦军进咸阳，秦王子婴投降；正月，项羽封刘邦为汉王；四月，刘邦入汉中；八月，刘邦出汉中。

汉高祖二年（公元前205年）四月，刘邦与项羽战于彭城，刘邦兵败，太公与吕后被俘，刘盈差一点被刘邦抛弃；六月，刘盈被立为太子。

汉高祖五年（公元前202年），刘邦称帝，大汉建国。

汉高祖七年（公元前200年）十月，长乐宫成，叔孙通制定的朝仪开始实行。

汉高祖八年（公元前199年），令商人不得衣锦骑马。

汉高祖十二年（公元前195年）十月，封刘濞为吴王；十一月，以太牢祭祀孔子；四月，刘邦卒；五月，刘盈继位，是为汉惠帝。

汉惠帝元年（公元前194年）十二月，赵王如意被杀，徙淮南王刘友为赵王；正月，开始筑长安城，五年后完工。

汉惠帝二年（公元前193年），相国萧何卒，曹参为相。

汉惠帝三年（公元前192年），匈奴单于冒顿侮辱吕后。

汉惠帝四年（公元前191年）十月，立鲁元公主之女为皇后；三月，皇帝行冠礼。

汉惠帝五年（公元前190年），曹参卒。

汉惠帝六年（公元前189年）十月，齐王刘肥卒，子襄立；以王陵为右丞相，陈平为左丞相；夏，留侯张良卒，周勃为太尉；六月，樊哙卒。

汉惠帝七年（公元前188年），汉惠帝卒，子刘恭继位，是为前少帝。吕后临朝听政。

高后元年（公元前187年），诸吕封王。

高后四年（公元前184年），吕后杀前少帝刘恭，立其弟刘弘，是为后少帝。

高后八年（公元前180年），吕后卒。太尉周勃灭诸吕，立刘恒，是为汉文帝。

汉文帝前元年（公元前179年）十二月，废连坐法；正月，立刘启为太子。

汉文帝前二年（公元前178年）十月，陈平卒；五月，废诽谤谣言罪。

汉文帝前三年（公元前177年），匈奴入侵；济北王刘兴居反，兵败自杀。

汉文帝前十三年（公元前167年）五月，废除刺青、削鼻、断足三种肉刑。

汉文帝后七年（公元前157年），汉文帝卒，汉景帝立。

汉景帝前三年（公元前154年），七国之乱。

汉景帝前七年（公元前150年），立刘彻为太子，任命酷吏郅都为司法官。

汉景帝中二年（公元前148年），郅都逼死前太子刘荣，窦太后杀郅都。

汉景帝中六年（公元前144年）四月，梁王刘武卒；七月，任命酷吏宁成为司法官。

汉景帝后元年（公元前143年）八月，周亚夫被诬陷死。

汉景帝后三年（公元前141年）十二月，汉景帝卒，汉武帝立。

汉武帝建元元年（公元前140年），罢黜百家，独尊儒术。

汉武帝建元三年（公元前138年），郎中张骞出使西域，被匈奴俘虏。

汉武帝建元五年（公元前136年），置五经博士。

汉武帝元光元年（公元前134年），举孝廉、贤良、文学，察举制度开始。

汉武帝元光二年（公元前133年），始伐匈奴，匈奴与汉决裂，此后年年入侵。

汉武帝元光四年（公元前131年），魏其侯窦婴被杀。

汉武帝元光五年（公元前130年），重用酷吏张汤。

汉武帝元光六年（公元前129年），大司农郑当时兴水利；匈奴入侵，卫青等反击；张骞自匈奴逃至月氏。

汉武帝元朔元年（公元前128年）十一月，诏令不举贤良孝廉者有罪；三月，立卫子夫为皇后；张骞至大宛。

汉武帝元朔二年（公元前127年）正月，采纳主父偃建议实行推恩之法；卫青伐匈奴，收复河南，置朔方郡、五原郡；迁郡国豪杰三百万人于茂陵；杀郭解；张骞回国途中被匈奴俘虏；主父偃亦被杀。

汉武帝元朔三年（公元前126年）冬，以公孙弘为御史大夫；酷吏张汤任司法官；张骞乘匈奴内乱逃回中国。

汉武帝元朔五年（公元前124年）十一月，封丞相公孙弘为平津侯，破封侯拜相惯例，开拜相封侯之先；春，车骑将军卫青伐匈奴；三月，卫青拜大将军；六月，公孙弘请为五经博士设弟子。

汉武帝元狩元年（公元前122年），淮南王刘安反，自杀。

汉武帝元狩二年（公元前121年）三月，丞相公孙弘卒，以御史大夫李蔡为丞相，廷尉张汤为御史大夫；骠骑将军霍去病伐匈奴；秋，匈奴浑邪王降，汉得河西地。

汉武帝元狩四年（公元前119年），制白鹿皮币；颁布死罪令，严禁民间铸造金钱；任命东郭咸阳、孔仅、桑弘羊主持经济体制改革；禁民间铸造铁器和煮盐；颁布缗钱令，树卜式为道德楷模；发动漠北之战，李广自杀；卫青、霍去病兵分两路伐匈奴，卫青至窴颜山，霍去病封狼居胥，从此沙漠以南无匈奴王廷；置大司马职位，以大将军、骠骑将军任之。

汉武帝元狩五年（公元前118年），丞相李蔡下狱自杀。

汉武帝元狩六年（公元前117年），颁布告缗令，其法大抵出自张汤；张汤诬大司农颜异腹诽，从此有腹诽罪；九月，霍去病卒。

汉武帝元鼎元年（公元前116年），遣张骞出使乌孙。

汉武帝元鼎二年（公元前115年），张汤畏罪自杀；丞相庄青翟下狱自杀；置酒泉、武威郡；张骞自乌孙回国。

汉武帝元鼎三年（公元前114年），规定平民可以入粟补吏，吏员可以入粟补官；张骞卒。

汉武帝元鼎四年（公元前113年），刘彻出巡。

汉武帝元鼎六年（公元前111年），灭南越，置其地为九郡，含今广东省、广西壮族自治区、海南省以及越南；灭西南夷，置其地为五郡；分酒泉、武威地，增设张掖、敦煌。

汉武帝元封元年（公元前110年），桑弘羊建议实行平准和均输法；汉武帝登泰山封禅。

汉武帝元封二年（公元前109年），降滇王，置其地为益州郡；酷吏杜周任司法官，一年内系狱十多万人。

汉武帝元封三年（公元前108年），朝鲜降，置其地为四郡。

汉武帝元封五年（公元前106年），分天下为十三州部，各州置刺史一人。

汉武帝太初元年（公元前104年），以正月为岁首；贰师将军李广利攻大宛，求善马；酷吏王温舒自杀。

汉武帝天汉元年（公元前100年），苏武留胡。

汉武帝天汉二年（公元前99年），颁“沉命法”；李广利伐匈奴，李陵投降，司马迁受腐刑。

汉武帝太始二年（公元前95年），筑白渠。

汉武帝征和二年（公元前91年），太子刘据杀江充，兵败自杀，其母皇后卫子夫亦自杀。

汉武帝征和三年（公元前90年），李广利投降匈奴。

汉武帝征和四年（公元前89年），刘彻下轮台诏。

汉武帝后元二年（公元前87年）二月，汉武帝刘彻卒，刘弗陵继位，是为汉昭帝。

汉昭帝始元六年（公元前81年）二月，盐铁会议。

汉昭帝元凤元年（公元前80年），燕王刘旦、盖长公主、上官桀、桑弘羊谋反事泄，燕王、盖长公主自杀，上官桀、桑弘羊灭族。

汉昭帝元平元年（公元前74年），汉昭帝刘弗陵卒，任昌邑王刘贺继位，二十七日后被废，故太子刘据之孙刘病已立，是为汉宣帝。

汉宣帝地节二年（公元前68年），霍光卒。

汉宣帝地节四年（公元前66年），霍光妻、子等谋反被杀。

汉宣帝黄龙元年（公元前49年），汉宣帝刘病已卒，子刘奭继位，是为汉元帝。

汉元帝竟宁元年（公元前33年），昭君出塞；汉元帝刘奭卒，子刘骜继位，是为汉成帝。

汉成帝永始元年（公元前16年），刘骜封王莽为侯，赵飞燕为后。

汉成帝绥和元年（公元前8年），任王莽为大司马；废刺史，改为州牧。

汉成帝绥和二年（公元前7年），汉成帝刘骜卒，侄刘欣继位，是为汉哀帝；免王莽大司马职。

汉哀帝元寿二年（公元前1年），汉哀帝刘欣卒，堂弟刘箕子继位，是为汉平帝；王太后临朝，王莽任大司马。

汉平帝元始五年（公元5年），汉平帝卒。

公元8年，王莽称帝。

下卷预告

汉与罗马，是当时世界上的两个超级大国，也是两种具有世界性的文明。

他们有什么相同和不同？

他们的兴衰又留下怎样的历史经验和教训？

## 敬请关注

《易中天中华史：两汉两罗马》

果麦

易中天中华史：汉武的帝国

产品经理｜赵海萍
责任编辑｜金荣良　特约编辑｜应凡　黄钟
装帧设计｜白咏明　插画｜赵闯　方佳翩　后期制作｜顾利军
责任印制｜蒋建浩　执行印制｜梁拥军

学术顾问｜陈勤　编辑顾问｜赵南荣
策划人｜李蕾　路金波
法律顾问｜黄荣楠

公司网站：http://www. guomai. cc
官方微博：http://weibo. com/gmguomai
官方天猫店：http://guomaits.tmall.com

# 易中天中华史

**《总序：文明的意志与中华的位置》**

我为什么要写中华史？

**《祖先》**

回到历史源头，女娲、伏羲、炎黄、尧舜禹的故事。

**《国家》**

三千年前，西周选择了受命于天，和其他国家迥然不同。

**《奠基者》**

探寻中国历史上第一个政治家——周公。

**《青春志》**

东周是我们华夏民族的青春时期，那时男子义气、女人多情。

**《从春秋到战国》**

五百年间，圣贤们辩论真理，国君们争夺霸权。

这一段中国历史群星辉映，浪漫无边。

**《百家争鸣》**

人性是善是恶？王要仁慈还是法治？社会公平能够实现吗？

儒道墨法，先秦诸子三百年大辩论，中华民族群星璀璨的时代！

**《秦并天下》**

大秦只活了十五岁，秦始皇首创的“帝国制”

却主宰中华历史两千一百三十二年。

**图书在版编目(CIP)数据**

汉武的帝国 / 易中天著. -- 杭州 : 浙江文艺出版社, 2014.5
ISBN 978-7-5339-3976-2

Ⅰ. ①汉… Ⅱ. ①易… Ⅲ. ①中国历史—研究—汉代
Ⅳ. ①K234.07

中国版本图书馆CIP数据核字(2014)第103313号

产品经理 赵海萍
责任编辑 金荣良
特约编辑 应 凡 黄 钟
装帧设计 白咏明
插 画 赵 闯 方佳翮

**易中天中华史**
**汉武的帝国**
易中天 著

出版 浙江出版联合集团 浙江文艺出版社

地址 杭州市体育场路347号 邮编 310006
网址 www.zjwycbs.cn
经销 浙江省新华书店集团有限公司
印刷 北京汇林印务有限公司
开本 890mm×1280mm 1/32
字数 113千字
印张 6.625
印数 1-70,000
插页 2
版次 2014年5月第1版 2014年5月第1次印刷
书号 ISBN 978-7-5339-3976-2
定价 32.00元